揭秘中国财富

马 云

中国创业教父的经营智慧

启 文 编著

山东画报出版社

图书在版编目（CIP）数据

马云：中国创业教父的经营智慧 / 启文编著 . --
济南：山东画报出版社，2020.5
（揭秘中国财富）
ISBN 978-7-5474-3513-7

Ⅰ . ①马… Ⅱ . ①启… Ⅲ . ①马云－生平事迹②电子
商务－商业企业管理－经验－中国 Ⅳ . ① K825.38
② F724.6

中国版本图书馆 CIP 数据核字（2020）第 079478 号

马云：中国创业教父的经营智慧
MA YUN: ZHONGGUO CHUANGYE JIAOFU DE JINGYING ZHIHUI
（揭秘中国财富）
（JIEMI ZHONGGUO CAIFU）
启　文 编著

责任编辑　张雅婷
装帧设计　青蓝工作室

主管单位　山东出版传媒股份有限公司
出版发行　山东画报出版社
　　　　社　　址　济南市市中区英雄山路 189 号 B 座　邮编 250002
　　　　电　　话　总编室（0531）82098472
　　　　　　　　　市场部（0531）82098479　82098476（传真）
　　　　网　　址　http://www.hbcbs.com.cn
　　　　电子信箱　hbcb@sdpress.com.cn
印　　刷　北京一鑫印务有限责任公司
规　　格　870 毫米 × 1220 毫米　1/32
　　　　　　　6 印张　152 千字
版　　次　2020 年 5 月第 1 版
印　　次　2020 年 5 月第 1 次印刷
书　　号　ISBN 978-7-5474-3513-7
定　　价　178.80 元（全 6 册）

前　言

　　他是第一位登上美国权威财经杂志《福布斯》封面的中国大陆企业家；他超越了李嘉诚，成为亚洲新首富；他开办了中国第一个电子商务网站，带领团队创造了中国电子商务史上的多个第一；他及其企业的经营管理实践曾两次被哈佛大学商学院收录为MBA案例……他，就是马云，一个激励着无数中国人的传奇人物。

　　关于马云，有人惊叹，有人好奇，想知道究竟是什么塑造了今日卓越不凡的马云。

　　有人说他是幸运的，但"永远不要跟别人比幸运，我从来没想过我比别人幸运，我也许比他们更有毅力，在最困难的时候，他们熬不住了，我可以多熬一秒钟、两秒钟，有时候死扛下去总是会有机会的"。

　　从老师到企业家，从海博翻译社到阿里巴巴，从无人知晓到阿里巴巴在纽交所上市，从被时代引领到引领时代，马云走过了无数的风雨和辉煌。如今他虽已卸任，但他的杰出企业家形象，依然在目。

　　"尊敬马云，是因为他的为人，创业的精神"，很多创业者不约而同地说出心中对马云的崇拜之情。那么马云究竟是怎样一个人，他和其他商人又有什么不同？

了解一个人，古人有五观八问，对于马云，我们也许没有机会与之正面接触，但我们可以从他的境遇、言谈、做事等侧面打探，在最复杂的境遇，在最关键的时刻，在更内部的场合，他在想什么？又说了什么，做了什么？他的商业灵感来自哪里？他的企业凭什么凝聚人心？他的团队训练有什么法则？

本书将从马云在各种场合的讲话切入，帮你更全面更细致地分析这些。从发展战略到经营细节，从员工管理到为人处世……将为你一一呈现，深入透析，希望你能从中汲取智慧，得到能量。

最后让我们引用马云的一段话以自勉："不管什么时候，我们还是坚信一点，这世界上只要有梦想，只要不断努力，只要不断学习，就有成功的那一天。今天很残酷，明天更残酷，后天很美好，但是绝大部分人是死在明天晚上，只有那些真正的英雄才能见到后天的太阳。"

目　录

第一章
有梦才有追逐

　　如果你不去采取
行动，不给自己的梦
想一个实践的机会，
那么你永远没有机会。

让梦想指引创业

作为一个创业者，首先要给自己一个梦想。在1995年，我偶然有一次机会到了美国，然后发现了互联网。

我不是一个技术人才，我对技术几乎是不懂。到目前为止，我对电脑的认识还是很少，还是停留在收发邮件和浏览页面上，到现在为止，我还搞不清楚该怎么样在电脑上用U盘。但这并不重要，重要的是你到底梦想干什么。

1995年，我发现互联网有一天会改变人类，可以影响人类的方方面面。但是谁可以做这件事情，它到底该怎么样影响人类，这些问题我在1995年没有想清楚，但是隐隐约约感觉到这是将来我想干的。回来以后也非常地艰难，我请了24个朋友到我家里，大家坐在一起，我说我准备从大学里辞职，要做一个互联网，叫Internet，那个时候互联网不叫互联网，那个时候把它翻译成因特耐特。因为自己不懂技术，所以我花了将近两个小时来说服24个人，说这是一个很有意思的事情。

两个小时以内，我肯定没讲清楚什么是互联网，他们肯定也听得糊里糊涂。两个小时以后，大家投票表决，23个人反对，1个人支持，大家觉得这个东西肯定不靠谱，别去做那个，你电脑也不懂，而且根本不存在这么一个网络。

但是我经过一个晚上的思考，第二天早上决定还是辞职去实现我自己的梦想。为什么是这样呢？我发现今天我回过来想，看见很多游学的年轻人是晚上想想千条路，早上起来走原路。晚上出门之前说明天我将干这个事，第二天早上仍旧走自己原来的路线。如果你不去采取行动，不给自己的梦想一个实践的机会，你永远没有机会。所以我稀里糊涂走上了创业之路。

——摘自马云《梦想与坚持》

深入透析

马云是一个有梦想的人，可以说，他走到今天都是靠梦想的指引。虽然创业之路非常艰辛，但马云认为只要有梦想，只要不断努力，只要不断学习，就有机会到达成功的彼岸。正如他所说："人永远不要忘记自己第一天的梦想。你的梦想是世界上最伟大的事情，就是帮助别人成功，不能走到后面以后又改回来。"

1995年，马云从西雅图回来后，在美国朋友的协助下，开始为自己的海博翻译社建立首页。当时中国的网络是用速度很慢的拨号上网连接方式，他足足花了3.5小时才打开一半的网页。但即便如此，他仍然相当自豪，因为他证明了互联网的存在。

随后，他决定进入互联网行业。1995 年 4 月，马云联合朋友创建了"海博网络"，当时的情况实在让人寒心：创建海博网络的资金只有六七千是马云的积蓄，剩下的是从亲戚朋友那儿借来的。当时总共需要 10 万元钱，他就将家里的家具全卖了。而员工除了他、他的老婆外，只有一个大学同学。尽管如此，"海博网络"依然是中国最早的互联网公司之一。

马云说，别人是盲人骑瞎马，他当时算得上是盲人骑瞎虎。那时中国的互联网还没有全部联系起来，就只开通了他的那个网站，他早在 5 月份就已经挂上互联网，上海是 8 月份才开始挂上互联网的，所以直到两个月之后马云才开始有了竞争对手。做得最早的是中科院高能物理研究所的"中国之窗"，马云之前已经把自己的网站改名为"中国黄页"。

马云和他的创业团队始终记得，当年他们意气风发闯北京，却以失败告终，在马云宣布打道回府的告别宴会上，大家喝起了北京的二锅头，不知是谁带头唱起了《真心英雄》："在我心中，曾经有一个梦，要用歌声让你忘掉所有的痛……把握生命里的每一分钟，全力以赴我们心中的梦，不经历风雨怎么见彩虹，没有人能够随随便便成功……"

5 年以后，阿里巴巴首战告捷，2000 多名热血沸腾的阿里巴巴员工又唱起了这首歌，有人看见马云在偷偷地抹眼泪，但事后马云不承认。老歌重唱，他们是什么样的心情？他们肯定想起了当年的那个小酒馆，想起他们含泪而歌的那个晚上。

在 2005 年阿里巴巴社区大会上的演讲中，马云说："我们没有放弃第一天的梦想，我们还要走下去，我们还要走 96 年。从我们第一天说要让阿里巴巴持久发展 80 年起,我们就没有改变过;今天我们说要做持续发展 102 年的公司,成为世界最大互联网电子商务网站。"

可以说,坚守第一天的梦想不变,是马云成功的关键因素。作为一个没背景、没技术、没资本的创业者,马云唯一拥有的只有"梦想般的理想",而正是靠这个理想,马云,才真正成为马云。

能量辐射

丁磊大学毕业后,在家乡的电信局工作,电信局旱涝保收,待遇很不错,但是丁磊觉得那两年的工作非常辛苦,同时也感到一种难尽其才的苦恼。于是,他不顾家人反对,在 1995 年辞职来到了广州。回忆起当时的情形,丁磊说,这是我第一次开除自己。有勇气迈出第一步,往往是人生的新开端。

到了陌生的城市之后,不知道去了多少家公司面试,也不知道费了多少口舌,颇具耐心和实力的丁磊终于在广州安定了下来。1995 年 5 月,他进入某外企工作,之后又去了一家小公司。因为他相信这家与 Internet 相关的企业将来会对国内的 Internet 产生影响,他怀着满腔的热情投入到新公司的技术工作中去。但是,也许是因为在 1996 年他还只有技术背景,缺乏足够的商业经验,最后他发现这家公司与他当初的许多想法相背离,他只能再次选择离开。

已经跳槽 3 次的丁磊在 1997 年的 5 月对自己的前途整整思

考了5天，最后他的决定是要自立门户，干一番事业。"我根本不知道自己的公司未来该靠什么赚钱，只天真地以为只要写一些软件，做一些系统集成就可以了。这种想法后来几乎使公司无法生存。"他后来这样说。

2001年9月4日，网易因误报2000年收入，违反美国证券法而涉嫌财务欺诈，被纳斯达克股市宣布从即时起暂停交易。随后，网易内部又出现人事动荡。丁磊经历了无数个不眠之夜，他也曾心灰意冷过，但苦难没把梦想压倒，2002年8月后，这家公司依靠网络游戏重振旗鼓。到了2003年6月6日，网易再创历史新高：每股34.90美元。丁磊的个人财富也与网易股价一起飙升，跃上了50亿元人民币的台阶，开辟了中国史无前例的创富速度。

丁磊认为，虽然每个人的天赋有差别，但作为一个年轻人首先要有理想和目标。尤其是年轻人，无论工作单位怎么变动，重要的是怀抱梦想，而且决不放弃努力。从26岁创业到后来的亿万富豪，丁磊从挫折中一路走来。无论遇到什么打击，他都坚持闯荡的梦想，终于在阵痛中脱胎换骨，梦想成真。

美国有一位哲人曾经说："很难说世上有什么做不了的事，因为昨天的梦想可以是今天的希望，还可以是明天的现实。"岁月或许会掩埋很多东西，会让我们变得越来越现实主义，但是我们不能忘记自己第一天的梦想。如果我们都能像马云、像丁磊一样坚持第一天的梦想，为了梦想而努力奋斗，不抛弃、不放弃，那么我们终有一天也能摘到梦想的花环，体会到实现梦想的喜悦。

在理想的道路上努力坚持

我们这批人昨天晚上聊，我们这些人都坚持对梦想的追逐，都有很好的梦，都有对梦想的坚持和执着。

但是中国的梦，我认为 13 亿人应该有 13 亿不同的梦，因为 13 亿人梦想不同，才会有今天、明天。

我今天来不想谈对 IT 未来的展望，一会儿留给马化腾、李彦宏他们年轻人谈。我比他们大几岁，男人大一岁就是一岁，千万别跟年轻人比远见，不要跟年轻人比创新，我只讲一些作为我们这个年纪的人观察到、听到的一些事。今天讲讲如何把梦想变成现实，如果梦想变不成现实，就是空想、瞎想，最近讲得最多的就是空谈误国。

我不是学技术的，我对 IT 真不懂，我也不懂管理、不懂产品，但是我后来发现自己找到了一个领域是可以做的，就是在管理、在领导力、在怎么样把梦想变成现实上，在这些方面估计我比绝大部分 IT 人花的时间更多。

——摘自马云 2013 年 4 月深圳 IT 领袖峰会演讲

深入透析

人都是有理想的，但能够将理想坚持下去的人并不多。在人生之中，失败或许不是一件坏事，成功也未必是最终结果，而坚持理想一定是一件意义重大的事。那些有所成就的人，在获得巨大的成功之前，必须在理想的道路上努力坚持。很多时候，只有始终坚持理想，才会有奇迹发生。

与很多有着光鲜背景的互联网神话制造者不一样，马云的出身很平凡。他没有多少钱，创办公司的时候甚至只能把家当办公室，但马云有自己的特点：有梦想，能坚持，并且用实际行动努力将梦想变成现实。他经常沉浸在梦想中，并为自己的梦想激动不已。

带着对待初恋一般的热情，马云创立了中国第一个商业网站——中国黄页，他每天出门推销中国黄页，说服人家心甘情愿付钱把企业的资料放到网上去。当时大家都不知道互联网是什么，没有人相信他，在那段时间里，马云过的是一种被人视为骗子的生活。

为了拿下杭州一家企业的生意，他一连跑了五趟，但这家企业的老板总怀疑电子商务是骗人的诡计。为了说服这位老板，马云为他收集了大量有关电子商务的资料，一遍又一遍为他讲解电子商务这种新型商业模式，告诉他在网上做广告比在其他媒体上做更有广泛的效应。

任凭马云费尽口舌，这位老板还是将信将疑。面对这块难啃的骨头，马云没有放弃，临走前向这位老板要了一份企业的宣传材料。几天以后，他带着一台笔记本电脑回来，那位老板看到电脑上显示着自己企业的网页时，终于同意合作。

提起那段往事，马云感慨良多：基本上可以说是惨不忍睹，就跟骗子似的。他当时跟所有人都说，有这么一个东西，然后怎么去做。1997年年底，网站的营业额竟达到700万元。追溯起来，阿里巴巴网站的雏形应该就是中国黄页网站。

然而，阿里巴巴从成立以来一直备受质疑，马云从创业的时候一路被骂过来，别人都说这种模式不可能，但马云觉得没关系，他不怕骂，反正别人也骂不过他，只要他不往心里去就是了。

阿里巴巴依旧坚定不移地走电子商务路线。尽管马云相信电子商务也许三年，也许四五年都挣不到钱，但他坚信八年、十年后一定能够挣到钱。所以他首先需要的是存活下来，坚强地活下去。

正如后来马云在演讲中所说，初恋是最美好的，每个人第一次恋爱最容易被记住，每个人初次创业的时候理想是最好的，但他走着走着往往就忘记理想，忘记路在哪里。我们是坚持初恋的人，我们是坚持梦想的人，所以能走到今天。

的确如此，从1995年在出访美国时首次接触因特网，回国后创办网站"中国黄页"，到1997年加入对外贸易经济合作部，负责开发其官方站点及中国产品网上交易市场，再到1999年正式辞去公职，创办阿里巴巴网站，开拓电子商务应用，尤其是B2B（Business-to-Business的缩写）业务，马云始终像坚持初恋一样坚持着自己的理想，并最终将理想变成了现实。

能量辐射

创业的先决条件，不是有多好的项目，多雄厚的资金，重要的是有没有诸如执着、坚韧、坦然等创业精神。只有拥有了这样的创业精神，才能够突破困难，打开成功的大门。

河南省冬夏枣茶总公司就是由无数创业者铸就而成的，他们有着并肩奋战的精神。总公司的前身是内黄县酿酒总厂，1990年，由于经营不善等原因，酒厂一直处于半停产状态。困境中，王富安临危受命，成为这个半死不活的企业的当家人。走马上任后，王富安感觉肩头重担在压，丝毫不敢松懈，为了尽早将酒厂扭亏为盈，他带领整个领导班子日夜奋战在生产第一线，从没有领过加班费和补助。这种以身作则、任劳任怨的奉献精神为全厂职工做出了很好的表率，以至于在企业中形成了一种良好的风气：职工们通过开展形式多样的劳动竞赛练就了一手过硬的技术；出差在外的购销人员为了节省资金，在最简陋的旅馆中构思着最宏大的销售计划……就这样，在全厂职工的共同努力下，工厂当年便扭亏为盈，成为年产1.8万吨的中国最大的枣肉饮料生产厂家。它的成功，饱含着以王富安为首的新一代领导班子艰苦奋斗、牺牲小家顾大家的崇高精神。

事实上，当我们翻开中国企业家创业史这浸透着汗水与心血的篇章时，我们就会发现，当今叱咤风云的巨头企业，几乎没有哪一个不是经历了血雨腥风的考验和艰苦卓绝的奋斗才崛起的。当年，联想集团的创始人柳传志为了发展壮大联想，睡车棚、倒彩电、顶风雪、冒严寒，用一腔不灭的激情和伟大的自我牺牲精神铸就了联想成功的丰碑；巨人集团的创始人史玉柱为了研制M–6401 汉卡，艰苦钻研 150 天，凭借着 20 箱方便面昏天黑地地工作，终于将第二代汉卡研制成功……

在创业过程中，精神的力量是无与伦比的，它发挥的巨大作用更是难以想象。

理想要与现实相结合

马云：你的产品的市场是国外，是北美？

李红梅：现阶段是北美，美国市场是成熟的市场，其他市场不太成熟。

马云：你有两个核心竞争力，第一个是整合资源，国外没有资源，国内也要摸索，你如何整合？第二个核心竞争力是外包，外包是核心竞争力，但美国公司你就做不到外包，对吗？

李红梅：第一核心竞争力就是把数据转化和数据输入这一部分的业务，跟软件销售业务整合起来，这是我的一个核心竞争力。

马云：你觉得这个竞争力很高？

李红梅：因为美国的公司很少这样去整合。

马云：你现在有多少员工了？

李红梅：在北美我只有一些高端的设计人员，大概有4个。

马云：我觉得你的项目很难，相当难。我诚恳地建议，你最好别创业。我见过创业很艰辛的人，但他说我

就愿意创业。我感觉是这样，从性格各方面来讲，你不
是很适合创业，我经常对朋友讲，有时候做一份工作，
做一份喜欢的工作就是很好的创业。

你这个人很热情、很善良，这些性格可以让你成为
一个非常好的员工，非常好的义工，并完善自我，这可
能很好，但是对于创业，我很坦诚地说，你真的不合适。

——摘自马云《赢在中国》点评

深入透析

在《赢在中国》第一赛季晋级篇的第三场，选手李红梅的参
赛项目是医疗档案管理软件及相关数据业务服务。马云觉得她的
项目很难，诚恳地建议她最好不要创业。

创业，是一个光荣的梦想，但并不是谁都能创业，有理想是
好事，但也必须兼顾现实。创业最忌讳的就是先设定一个理想化
的目标，然后在执行过程中不顾现实情况，一味地朝这个目标前
进却不知变通，甚至连生存都保证不了。

创业者一般都是理想主义者，而理想与现实的差距很大，即
使有再好的创意、再缜密的思维，也不可能规划出整个创业过
程，能够随时积极应对变化和挑战，可以说是创业者必备的
素质。

每一种选择都有利有弊，无论是创业还是打工，关键在于你
适不适合，快不快乐。有些人选择创业的原因是想摆脱办公室的
束缚，不再受制于人。然而，创业者看似自由，实则最不自由。

创业者虽然不再为老板打工，但时时在为市场、客户、员工打工，他要替客户着想、对员工负责、受市场制约，甚至看投资人脸色，告别了朝九晚五的枯燥生活，却陷入时刻殚精竭虑的状态。

现实生活中，我们所处的环境和氛围都在"逼"着我们去成功——"都30岁了，男的还没车没房，女的还没钓到一个金龟婿，是很失败的事情！"不成功就是失败，似乎已经成了别无选择的独木桥。对于成功的过度焦虑，逼迫着人们开始全盘接受成功学宣扬的那些无比亢奋的观点："要成功先发疯，头脑简单往前冲""如果我不能，我就一定要，如果我一定要，我就一定能"……

这类所谓的成功学观点拼命地鼓动渴望成功的人上足了情绪的发条亢奋地往前冲，现实的结果却是，亢奋过后还是亢奋，亢奋过后啥也没有，白白累了大脑，消耗了身体的能量。因为成功不是战场上冲锋陷阵，不是仅有热血沸腾扛着砍刀奋勇杀敌就能取得胜利的。

在创业领域，我们经常看到的是先驱成为先烈，这说明创业不是只凭创意就行，还需要综合的能力甚至包括运气。如果你不是一个好的打工者，或者说在曾经的职业生涯中没有过成功的经历，在职场中缺乏老板思维，都是很难创业成功的。

能量辐射

现在，我们处在一个创业的美好时代，全民创业的时代已悄然而至。从市场层面来看，互联网缩小了人与人之间的距离，地球村的市场到来，创业的机遇云集；从政策层面来看，各级政府提出了全民创业的口号。但即使有这样多的有利条件，我们在创业之前仍然需要谨慎思考、严谨行事，不将创业当儿戏，不浮躁、不轻易放弃。

那么，个人创业应当注意哪些问题？

首先，个人创业，要选准行业。选准行业，看上去很简单，三百六十行，行行出状元，干哪一行都能出成绩、出效果。事实上，在个人创业阶段，选准行业对个人发展有很大的影响。

其次，个人创业，要选准地方。做金融肯定要去上海、深圳和北京，寻找国内金融行业集中的城市，上海和深圳是上市公司挂牌集中的地方，是投资商必选的风水宝地。其实，一级市场也好，二级和三级市场也罢，都有你发展的空间。如果选择三级市场作为起点，则可以回避大城市经营运作的费用较大的风险，回避因业务拓展和经营管理不善早日夭折的风险。在三级市场拓展除了上述优势以外，还可以利用当地资源灵活经营运作模式，利用政府对三级市场的政策支持，利用个人在大城市经营管理的经验和优势。

再次，个人创业，要选择合适的帮手和合作伙伴。孟母择友三迁的故事大家都很清楚，选择好的合作伙伴，无疑是事业成功的有力保证。综合素质良好、社会经验丰富、社会资源广泛都是应当考察的基础。

当创业遇上现实，任何激情都应该回归理性。创业者除了有坚韧不拔的精神和意志外，更应该掌握创业的知识，借鉴成功者的经验，这样可以科学创业、高效创业。

第二章
点燃创业的激情

拥有野心、梦想与激情，并能永不放弃，就一定不会失败。

没有野心，就没有进取心

奋斗的动力是什么？不是财富。我的公司是商业公司，我对钱很喜欢，但我用不了太多，我不攒钱，我没有多少钱。从大的方面说，我真的就想做一家大的世界级公司。

如果我早生10年，或是晚生10年，那么我都不会有互联网这个机会，是时代给了我这个机会。在制造业时代，在电子工业时代，中国或多或少都错过了一些机会，而信息时代中国人有机会，我们刚巧碰到这个机会，我一定要做，不管别人如何说，我都要做下去。我觉得中国可以有进入500强的企业，我们学得快，在这个过程中，勇者胜，智者胜。

从小的方面说，既然出来了，那么就得做下去。89元的工资我也拿过，再过10年，可能我连平均生活水平都达不到。我不喜欢玩儿，有人为了权力，有人为了钱，但我没有这种心态。

说实话，是为自己，为这个国家，为这个产业。一个将军是否伟大，不是体现在冲锋陷阵的时候，而是体现在撤退的时候。网络不行的时候我真正体会到了如何

做企业，2000 年以前，我没有做企业的感觉，而现在我
觉得自己是在做企业，而不是做生意。

——摘自马云 2002 年接受采访的讲话

深入透析

2000 年可能是马云心理状态中的一个转折点，他说，2000
年以前，只有做生意的感觉，2000 年以后，找到了做企业的感觉。
这其中的变化，就源自于驱动力的变化，他的动力不再是钱，而
是一种理念。2002 年的时候，马云的心理状态又有了新的变化，
他开始体会到大时代的变迁，在工业制造时代、电子工业时代，
中国没有抓住机会，而前所未有的互联网时代则带来了一个巨大
的机会。

马云承认自己对未来的发展有着极大的野心，他认为拥有野
心、梦想与激情，并能永不放弃，就一定不会失败。

阿里巴巴近几年的快速发展让很多人对马云有着很高的评
价，认为其取得了了不起的成就，对此马云却很从容。有一次马
云去日本参观访问，回来后感慨地说道："我去年在日本被当众敲
一闷棍，忽然对钱一点兴趣都没有了。我去日本参观了一家企业
叫拓板公司，我和他们老板交流：'去年赚了多少啊？'他们说：
'220 亿。'我说：'噢，220 亿日元。'他们说：'不，是美元。'这
才叫作钱，我们只做了一两亿人民币就牛起来了，距离太远了。
拓板公司是百年企业，我们公司员工平均年龄是 27 岁，再给我
们 20 年时间，我们也可以了。世界 500 强企业哪家营业收入不

是70亿、80亿美元？我们闭嘴！慢慢来。中国今天的企业要有远大的理想，相信我们也会有这一天，如果没有理想那就很难了。今天我们说赚了1000万、2000万，我觉得丢脸。"

"进入世界互联网企业前三强，进入世界500强，每年赚100亿美元"，这是马云的野心，因此马云不满足于一时的成就，他有着更大的目标和追求。

能量辐射

诚如马云所言，小虾米一定要有个鲨鱼梦。希望越大，责任就越大，动力也就越大。既要有高远志向，又要有切实的努力过程，这是一种人生智慧，也是一种人生态度。现实社会中的很多人都在立志，但是不敢立大志，对自己缺乏足够的自信。

其实我们应当坚信：志当存高远，要立志就要立大志。俗话说，"有志者事竟成"，只要我们有坚定不移的奋斗目标，相信终有一天，我们能够实现它。

没有野心，就没有进取心，野心和想象力是促使一个人不断前进的精神基础。著名经济学家熊彼特在其作品《企业家的精神》中说道："一个人如果要成为企业家，就必须不断创新、创新、再创新。而创新来自于进取心，进取心则来自于野心。野心让人冒险，冒险带来创新。"

法国一位大富翁在弥留之际写了一个遗嘱："我曾经是一位穷人，在以一个富人的身份跨入天堂之前，我把自己成为富人的秘诀留下，谁若能猜出'穷人最缺少的是什么'，他将得到我留在银行私人保险箱内的 100 万法郎，这是揭开贫穷之谜的奖金，也是我在天堂给予他的欢呼与掌声。"

遗嘱刊出之后，有 48561 个人寄来了自己的答案。这些答案，五花八门，应有尽有：绝大部分的人认为穷人最缺少的是金钱；有一部分人认为穷人最缺少的是机会；又有一部分人认为穷人最缺少的是技能；还有的人说穷人最缺少的是帮助和关爱，是相貌漂亮，是名牌衣服，是家世等。

在这位富翁逝世一周年纪念日，他的律师和代理人在公证部门的监督下，打开了他在银行内的私人保险箱，公开了他的致富秘诀：穷人最缺少的是成为富人的野心！

在所有人当中，有一位年仅 9 岁的女孩猜对了。

为什么只有这位 9 岁的女孩想到穷人最缺少的是野心？她在接受 100 万法郎的颁奖之日说："每次，我姐姐把她 11 岁的男朋友带回家时，总是警告我说不要有野心！不要有野心！于是我想，也许野心可以让人得到自己想得到的东西。"

事实上，野心正是一种创业的美德。成功是拥有目标和野心的人以切实的行动、谨慎的规划、不懈的努力达到的结果。美国加利福尼亚大学的心理学家迪安·斯曼特说："'野心'是人类行为的推动力，人类通过拥有'野心'，可以有力量攫取更多的资源。"

可以说，目标和野心是信念、志向的具体化，是步入成功殿堂的源泉。过去或现在的情况并不重要，一个人将来想获得什么成就才最重要。有了目标和野心，内心的力量才会找到方向。

创业需要一点疯癫劲儿

　　有人说，我的公司是一个疯子公司，我承认。他们说中国99%的公司都不是这样的。我觉得我们愿意做1%，因为成功的人都是那1%。

　　哈佛曾有人认为在中国不可能有公司考核价值观和使命观，后来，他受我之邀来到中国，到我们的公司来感受。后来他说，我来之前觉得马云是个疯子，来之后发现马云果然是个疯子。精神病院里的疯子是不相信自己是疯子的，他们相信外面的人是疯子。

　　我希望在我们公司里面能够形成一种企业的"belief"（信念）。有一批优秀的同事相信通过自己的努力，能够不断地创造价值。加入我公司的人我不能保证100％坚信我们可以让中小企业生存、成长和发展，但是我希望有70％。我们坚信年轻人到我们的公司走的是正道。

　　　　　　　——摘自马云《CEO的本事就是会用别人的脑袋》

深入透析

马云如同一位导师，今天随着阿里巴巴的声名远播，愈来愈多的人知道了马云的梦想：做一个中国人办的全世界最好的公司，做世界十大网站之一，做一个102年的企业！

今天人们听到这些豪言壮语，已经不觉新奇，因为阿里巴巴已经成为中国最大的网站之一，已经成为世界十大网站之一。但是10年前，当马云在长城上喊出这个口号时，当马云向十几个创始人一遍又一遍地宣讲这个梦想时，又有多少人相信？又有多少人不把它当成狂语疯话？马云的确是兜售未来的高手，但他不是兜售空头支票的骗子。

2003年，马云在接受《财富人生访谈》时说："被看作骗子的时候也是有的——我们刚好可能是中国最早做互联网的，1995年中国还没有联通互联网时，我们已经开始成立一家公司做了。人家觉得你在讲述一个不存在的东西，而且我自己学的不是计算机，我对电脑几乎是不懂的，所以一个不懂电脑的人告诉别人，有着这么一个神秘的网络，大家听晕了，我也说疯了，最后有些人认为我是个骗子。我记得第一次上中央电视台是1995年，有个编导跟一个记者说，这个人看上去就不像是一个好人！"

"那时候我在拼命地推广互联网，在最疯狂的时候大家开始'烧钱'。别人一定会认为，做电子商务的人只会烧钱，不会干事，所以那时候被当作疯子。"

"现在是傻子——这两年你看我们非常执着，我们在做这个公司的时候,是不在乎别人怎么看的。我永远只在乎我的客户怎么看,其他人讲的我都不听。所以人家说你这个人特傻,人家都转型了,你为什么不转型!"

2003 年,对马云的形容有了一个新词汇——"三子登科",这源于马云的自我形容:8 年前开始做这个商务网站的时候,别人说你是骗子;5 年前拼命烧钱的时候,是疯子;现在如果还在做这个电子商务网,那是傻子。

这似乎正好是马云创业历程的三部曲——骗子、疯子、傻子,看起来不同的历史阶段有不同的角色,但是,贯穿下来,有一点是没变的,那就是马云的目标:让商人通过阿里巴巴做生意。正如王石回答"为什么要登山"一样,他说:"因为山在那儿。"

我们应思考,创业路上是否当过骗子——被人误解,当过疯子——有狂热的激情,当过傻子——执着,最关键的是,你的目标是否清晰。正如马云所说的,创业者都是疯疯癫癫多一点,这种疯癫,正是来自于一种理想主义的、最具智慧的激情。

能量辐射

创业的过程绝不可能是一帆风顺的,如果没有无与伦比的创业精神,没有坚强执着的理想主义激情作为支撑,创业者很难在激烈的竞争中胜出。唯有保持持久的激情,甚至有点疯疯癫癫的执着,才能守得云开见月明。

毕业于中国人民解放军汽车管理学院、西安陆军学院(今中国人民解放军陆军边海防学院）的孙广信曾任乌鲁木齐陆军学院教官。1989 年转业后，孙广信创办乌鲁木齐广汇工贸实业有限公司，现任新疆广汇企业有限责任公司董事长、党委副书记、总经理，新疆广汇石材股份有限公司董事长。

在孙广信身上，你仍可感受到军人的正气和部队军官的睿智。他曾说："对军人来说，没有拿不下来的山头，没有不敢啃的硬骨头。作战时只有攻其最弱，才会取得胜利。无论商场还是战场都是一样。"从军的 10 年是他生命中最重要、最宝贵的一段时光。孙广信坦言这种理念成为贯穿他创办企业最基础、最根本的东西。

想起自己的创业史，孙广信感慨万千："我的将军梦没有实现，我抱怨过、失落过，可是我在商场上的成功在很大程度上得益于我的 10 年军人生活。"孙广信认为，他的成功并不是靠运气，他说过，自古以来没有天上掉馅饼的事，有一分努力才能得一分回报。

1990 年初，孙广信刚刚在新疆办起企业，还处于事业的起步阶段。那时候新疆有一个传统的观念，就是不能和民营企业打交道，孙广信发誓："我一定要用三年的时间，让新疆接纳我。"在这样一种强烈、坚定的信念的支撑下，孙广信获得了成功，赢得了大漠里的第一桶金。

激情创造事业，事业激发激情，没有激情的创业就是没有效率的创业。当你浑身充满激情地为自己创业时，你会感到浑身充满力量，总有使不完的劲；你会发现你的大脑是如此的聪明，你有那么多的智慧；你会废寝忘食，发现你的效率是如此地高。这一切，都源于你的激情。

英特尔创始人、董事会主席安迪·格鲁夫在其著作《只有偏执狂才能生存》一书中说："这是偏执狂才能成功的时代，只有偏执狂才能生存！"他表示，只要涉及企业管理，他就坚信偏执万岁。企业的繁荣之中孕育着毁灭的种子，你的企业越成功，注视着的人就越多，他们把你的生意一刀一刀地割下，直至最后一无所剩。作为一名管理者，最重要的是以偏执狂的姿态去思考任何事情，从而击败对手。

不可否认，创业者要想取得成功，是需要一点"疯狂"的。这种疯狂代表的是一种大胆的想象、坚定的忘我和专注的执着。把自己的主要精力和时间放在热爱的事业上，最终把能量发挥到最大，取得的效果也会最佳。马云的疯狂无疑就是这一种，这也是年轻的创业者应该从马云身上学习的一点。

第三章
熬下来，活下去

如果你放弃了，你失败了；如果你有梦想，你不放弃，你永远有希望和机会。

坚持是一个疼痛的过程

一个领导者最重要的实力是什么？在座的每个人，你的企业多大多小，不管你管 5 个人还是 5000 个人，你要比任何人有抗击打能力，就是经历失败的能力。

——摘自马云 2007 年第四届网商大会演讲

创业者没有退路，最大的失败就是放弃。今天很残酷，明天更残酷，后天很美好，但绝大部分人死在明天晚上，所以每个人都不要放弃今天。

很多人比我们聪明，很多人比我们努力，为什么我们成功了？难道是我们拥有了财富，而别人没有？当然不是。一个重要的原因是我们坚持下来了。

我想告诉大家，创业、做企业，其实很简单。要有一个强烈的欲望就是：我想做什么事情？我想改变什么事情？你想清楚之后，永远坚持这一点。

为什么我的座右铭是"永不放弃"？因为这世界上最大的失败就是放弃，放弃其实是最容易的。所以我想讲的是，活着就是胜利。这个世界上最痛苦的是坚持，而最快乐的也是坚持。

我一直认为，人一辈子都在创业。以前深圳有一个口号叫作"二次创业"，我不太同意这个。同一批领导是没有办法二次创业的，因为从第一天创业起你就一直在创业。

互联网进入冬天的时候，我们第一没有品牌，第二可以用的资金非常少，整个市场形势不是非常好，大家听到互联网转身就跑。当时很多人进来，也有很多人出去。我记得有一位年轻人，刚刚进入公司，我跟他说希望他最艰难的时候能坚持下来不放弃。

这个年轻人说："我记住了，5年之内我绝对不会走。"这5年来和他一起来的人都走掉了，当他快坚持不住的时候我就跟他说我记得他当时讲的话。现在他坚持下来，无论他的做事风格还是他的财富都已经非常被认可了。

在长城上，我们说要建立一个中国人创办的、全世界最好的公司，在最困难的时候，我们永远要回忆这个东西。我不知道该怎样定义成功，但我知道怎样定义失败，那就是放弃。如果你放弃了，你失败了；如果你有梦想，你不放弃，你永远有希望和机会。

　　　　　　　　　　——摘自马云《最大的失败就是放弃》

深入透析

最开始创业的那段时间，和对手相比，马云的力量还显得非常弱小，甚至一起的创业伙伴都时常会打退堂鼓，需要他不断地进行说服和沟通，以帮助他们打消心理顾虑，继续跟他走下去。

在这种情况下，马云本人超乎寻常的自信和坚定就发挥了作用。若回首总结阿里巴巴的整个发展历程，马云无疑为我们提供了许多成功的经验，其中很重要的一条就是：只有活下来的才是强者。

世纪之交，互联网行业进入寒冬。2000 年 9 月 10 日，阿里巴巴宣布进入高度危机状态。紧接着，2000 年底，马云宣布全球大裁员。顷刻间，阿里巴巴内部人心惶惶，只有马云依然坚信：阿里巴巴的未来是光明的，不可限量的。但不管怎么说，马云当时选择坚持的确是一个艰难的决定。

当时大多数人都不看好阿里巴巴的未来，因为他们没有任何成熟的产品可以销售，从那仅有 10 人的销售队伍就可以看得出来。2001 年，马云立下誓言：2002 年实现 1 元钱的盈利。最终他没有违背诺言，2002 年 12 月底，阿里巴巴实现了 1 元钱的盈利。从此，马云开始了越发"离谱"的理想主义计划。

在 2002 年的年终会议上，马云提出：2003 年阿里巴巴全年务必实现 1 亿元盈利。从 1 元到 1 亿元的飞跃，简直是痴人说梦，进行讨论时反对马云的人甚至站起来拍桌子叫板。然而马云决心已定，不可更改。

但出人意料的是，正如马云所预期的那样，2003 年，阿里巴巴很顺利地完成了 1 亿元的盈利。还是在年终会议上，又一个疯狂的目标被抛了出来：2004 年实现每天利润 100 万，2005 年每天缴税 100 万。

马云说，面对困难，第一要相信你能活，第二要相信你有坚强的存活毅力。只有坚强地活下去，这样的人才是生活的强者。当目标正确的时候，放弃就等于失败，只有坚持才能成功。

能量辐射

西点军校著名校友奥姆斯特德说过："以顽强的毅力和百折不挠的奋斗精神去迎接生活中的各种挑战，你才能免遭淘汰。"

西点军校的录用标准是极其苛刻的，其淘汰机制更加严格。毫不夸张地说，考入西点军校与考入美国的任意一所一流大学一样难。在 1999 年美国公布的全国大学录取率统计中，西点军校的录取率为 11%，与哈佛大学、耶鲁大学、哥伦比亚大学等常春藤高校一起，被列为美国最难考的大学。

尽管西点军校接受议员的推荐名单，但议员的推荐名额有明确的法律规定：每个州 10 个名额，由 2 名参议员从该州各推荐 5 名；每个国会选区 5 个名额，由该选区选出的众议员从该选区推荐；副总统可从全国范围内挑选 5 人。如果不超出招生名额，总统可从连续服役 8 年以上的军人的子女中挑选 30 人。军种部长可从该军种士兵中挑选 30 人。

对于被录取的学生，西点军校也有明确的淘汰规定：4 个学年结束时总淘汰率要保持在 25% 左右，其中第一年就必须淘汰 10% 的学员。全程淘汰制度保证了学员质量，能够完成 4 年学业的人，基本上都是能够在艰苦条件下承担重任且决不轻言放弃的人。

因此，每一个真正的西点人，都是长跑中的胜利者。西点的学校生活就是战争，训练场就是战场，训练中无不体现了战场上的严格与残酷。西点学员要经历大量的痛苦和折磨，要与阻碍、困苦做大量的斗争，但在他们的词典里，没有"放弃"这个词。

其实，竞争有时就是意志的较量，咬牙挺住了，胜利就很可能属于你。一切贵在有恒，只要坚持，再弱小的力量也能创造出意想不到的效果。永不言败是一种不达目的誓不罢休的勇气，更是一种智慧，一种坚持到底、开拓进取的动力源泉。

第二次世界大战后，功成身退的英国首相丘吉尔应邀在剑桥大学毕业典礼上发表演讲。经过邀请方一番隆重但稍显冗长的客套之后，丘吉尔走上讲台。只见他两手抓住讲台，注视着观众，大约在沉默了两分钟后，他开口说："永远，永远，永远不要放弃！"在又一阵长长的沉默过后，他再次强调："永远，永远，不要放弃！"最后，他注视听众片刻后便立即回座。场下的人这才明白过来，紧接着便是雷鸣般的掌声。

这场演讲是演讲史上的经典之作，也是丘吉尔最脍炙人口的一次演讲。丘吉尔用他一生的成功经验告诉人们，成功如果有秘诀的话，秘诀也只有两个：第一个是坚持到底，永不放弃；第二个就是当你想放弃的时候，回过头来照着第一个秘诀去做，坚持到底，永不放弃。

舔舐伤口，微笑前行

创业的时候，我的同事可能流过泪，我的朋友可能流过泪，但我没有，因为流泪没有用。

困难的时候，你要学会用左手温暖你的右手。你在开心的时候，把开心带给别人；在你不开心的时候，别人才会把开心带给你。开心快乐是一种投资，你开心就要和别人分享，然后有一天别人会回报于你。

如果你在创业第一天就说，我是来享受痛苦的，那么你就会变得很开心。1992 年我做销售的时候，我说创业中乐观主义很重要，可能销售 10 次，10 次业绩为零。出去以后，业绩果然是零，说得真对，要奖励一下自己。

商业不外乎智慧、希望及勇气，这些都是经商的必要技巧。遇到问题时，我习惯用左手温暖右手。要不断告诉自己，没关系，我还是我，我还在学习成长，一切都会好的，至少我还活着。

——摘自马云《困难时左手温暖右手》

深入透析

马云抱着困难时用左手温暖右手的乐观心态克服了一个又一个的困难。在他看来，创业者要学会自己保护自己，困难时要学会用左手温暖右手。

即便是现在，马云也很少向员工和身边的高管诉说自己的压力。闪光灯下的马云，员工面前的马云总是像一个顽童一样，他的言行举止表现出一种常人难有的洒脱。马云是一个乐观主义者，像诗人一样幻想着未来商业界的新文明，幻想着阿里巴巴会带给全球一个美丽新世界。马云，就这样在创业的路上一边舔舐伤口一边微笑前行。

马云看重团队，在自己能够承担的时候他会更多地选择担当，仅管有时候团队未必能够全然理解他的思考。

阿里巴巴公司的发展深受马云的影响，在面临困难时阿里巴巴首先想到的是自己解决，而不是依赖外界。马云表示，很多企业埋怨政府不支持，但阿里巴巴自从创业以来没有向政府借过一分钱，更没给社会添过一次乱。更多的时候，阿里巴巴团队会在寒冷的季节里温暖别人，帮助众多中小企业赚钱。

能量辐射

外人看到的都是企业家光辉灿烂的时候，其实他们付出的代价，没有人知道。马云说在企业家所经历的一切之中，大家看到的辉煌一面只占 20%，而艰难的一面达到 80%，多年来他一路挫折，根本没有辉煌的过去可谈。每一天、每一个步骤、每一个决定都是艰难的。在别人看来，阿里巴巴这一年发展这么快，而实际情况是，这一年之前他们积累了 5 年的经验，而且付出的比人家 10 年的还要多。

马云认为最珍贵的是犯了很多错误，走了很多弯路，使得他和他的团队更有信心面对明天的挑战。别人没想到办互联网企业会这么痛苦，但自己有比这痛苦 20 倍的心理准备，所以不会失败。只要面对现实，敢于承认错误，总会有解决问题的办法。

创业者应该期待未来的路上有更多的磨难，这样可以促使创业者迅速成长，更快地获得成功。马云说，害怕困难是人的本性，每个人在遇到困难时都会有负面的情绪，但是，创业过程中的困难是非常多的，要如何调整自己的情绪以渡过难关，是一个心态问题。"用左手温暖右手"是创业者必须具备的一种心态，要学会自己保护自己，尽自己最大的力量去面对创业的种种艰辛。

创业从来都与坎坷相伴，哪个创业成功人士背后，没有一段浸满辛酸、充满泪水的往事？马云很乐观地说，面对各种无法控制的变化，真正的创业者必须懂得用乐观和主动的心态去拥抱现实。当然，变化是痛苦的，但机会往往在适应变化的痛苦中获得。这么多年来，他已经经历了很多的痛苦，所以就不在乎后面更多的痛苦，反正来一个他灭一个。

从内心来讲，马云是反对大学生创业的。他说，大学生的任务就是把书读好，因为创业过程中有许多倒霉的事情。他自己蹬过三轮车、卖过书、卖过面包、当过老师，中间有太多事情。所以一个大学生，首先应该抓紧时间把书读好，其次要做的是参加一些社会实践活动，社会实践比创业更重要。他觉得创业很难，是一辈子的事情，上大学不要创业。

按常规来说，创业成功的人，一般会告诉别人创业是多么美好，所以几乎没有人相信，以上这段话是马云在创业成功后说的。但是毫无疑问，创业确实意味着困难。

马云用自己的左手温暖右手，是一种坚强，一种信仰，一种在困境中奋发的良好心态，一种创业成功或者失败宠辱不惊的坦然。古人常说"人贵有恒"，马云有恒心，更有乐观的心态，所以他能够成功。

扛下去总会有机会

　　5年以前也是这个时候，在长城上，我跟我们的同事想创办一个全世界最伟大的公司，我们希望全世界只要是商人就一定要用我们的网络。当时产生这个想法，被很多人认为是疯子，这5年里一直有很多人认为我是疯子，但不管别人怎么说，我从来没有改变过一个中国人想创办全世界最伟大公司的梦想。

　　1999年，我们提出要做80年，在互联网最不景气的2001年和2002年，我们在公司里面讲得最多的词就是"活着"。如果全部的互联网公司都死了，而我们还活着，我们就赢了。我永远相信只要永不放弃，我们还是有机会的。

　　最后，我们还是坚信一点，这世界上只要有梦想，只要不断努力，只要不断学习，就有成功的那一天。今天很残酷，明天更残酷，后天很美好，但是绝大部分人是死在明天晚上，只有那些真正的英雄才能见到后天的太阳。

　　　　　　——摘自马云获2004CCTV中国经济年度人物奖演讲

深入透析

　　马云入选 2004CCTV 中国经济年度人物的理由是：他领导着全球唯一连续 5 年当选最佳的网站，为 220 个国家和地区的 550 万客户服务，一年半时间就将淘宝网打造成中国第一的个人交易网站。评委会认为，阿里巴巴把互联网和商业结合起来，创造了电子商务新模式，用电子商务整合传统产业。最值得称道的是，马云的阿里巴巴推动了中国商业信用的建立，在激烈的国际竞争中为大量的国内中小企业创造无限机会，让买者和卖者直接见面。

　　马云和他的团队开办了中国第一个互联网商业网站，提出并实践了面向亚洲中小企业的 B2B 电子商务模式，马云也是中国大陆首位登上《福布斯》封面的企业家。

　　马云曾说："阿里巴巴在刚成立的 1999 年、2000 年、2001 年、2002 年，几乎分文不赚，每年在亏损，每天在亏损。"马云也说过："永远不要跟别人比幸运，我从来没想过我比别人幸运，我也许比他们更有毅力，在最困难的时候，他们熬不住了，我可以多熬一秒钟、两秒钟，有时候死扛下去总是会有机会的。"

　　马云说到了，也做到了，在认定这个梦想后始终坚持，他扛下来了，这才终于取得了令人瞩目的成就。

能量辐射

　　"有时候死扛下去总是会有机会的"，坚持就是胜利，这是我们耳熟能详的句子，但其中包含的哲学道理未必人人能够领会。

易学认为，宇宙是由太极一分为二而成的，太极分阴阳，所以任何事物都是由阴阳两个方面组成的，阳中有阴，阴中有阳，万物负阴而抱阳，这一点我们从太极阴阳图就可以看出来。

另外，易学也认为，阴阳双方会互相转化，阴到了极点就转化为阳，阳到了极点就转化为阴（也就是我们平常说的"物极必反"）。比如夏至阳到了极点后，就开始转化为阴，天气就慢慢变冷；冬至阴到了极点后，就开始要转化为阳了，天气也就慢慢变暖。这一点与马克思辩证哲学的矛盾相互转化原理是一致的，冬天都已经来了，也意味着，阴到了极点，阴的一面已经到了穷途末路，春天也就不远了。

一个企业从创业到成长壮大，肯定会碰到各种困难，甚至遭遇绝望的境地，那个时候其实就是考验信念和毅力的时候。阴到了极点的确是难受的，就像冬天的时候冷到了极点人受不了一样。但只要自己的方向是对的，坚持一下，扛下去，机会就来了，绝望之后就是希望。其实不管做什么事，只要认定了一直做下去，就一定会有希望，好比挖井，只要一直往下挖，总会把水挖出来的。

创业者找到自己认为正确的方向，便开始了艰难的打拼，这就是坚韧；面对失败的打击，创业者能够积极地反思，从而发现自身的不足，重新站起来，这就是坚韧。因此可以说，坚韧是一个创业者必须具备的品质。在创业的道路上有太多困难险阻，只有坚韧的创业者才能一直向着自己的目标，勇往直前。

试问哪一个创业者不是承受了各方的压力，最终超越压力，甚至将压力巧妙地转换为动力而获得成功的?

今天的张瑞敏说起海尔可以谈笑风生,可有多少人知道1984年他刚刚到海尔时承受的压力?那时的海尔,设备简陋、员工素质低劣、工作环境一塌糊涂、工作制度形同虚设,怎么也让人想象不到20年后的它会有出息。

在张瑞敏之前,海尔已经陆陆续续更换了4届厂长,每一个都是来时踌躇满志,离任时又万般无奈。张瑞敏是临危受命。为了生存,为了企业的发展,他开始顶着压力进行改革,首当其冲的就是后来我们熟知的"海尔十三条"。从此,海尔开始步入正轨。

在海尔最为艰难的时候,在众人都看不到希望的时候,张瑞敏有没有动过"放弃"的念头,我们不得而知,我们看到的是他冲破了一切压力,带领海尔走到了今天,走向了世界。

创业者要坚持自己的信念和理想。在同行走上迷途的时候,创业者要有清醒的认识,不为眼前小利所动,不做昧良心的产品。更为重要的是,要能耐得住寂寞,静心做技术和产品的创新,稳扎稳打,夯实企业发展的根基。

有时候死扛下去总是会有机会的。创业者应该把企业当成实现人生理想的平台,而不仅仅是谋利的机器。虽然企业的本质是盈利,然而凡是成功的企业,都是具有信念的企业。坚持信念和盈利并不矛盾,只要坚持信念,专注目标,就会获得竞争优势,从而使利润自来。

第四章
大格局，大发展

商业不挣钱是不道德的，但是光为了挣钱也不道德。

以服务精神待人

我们公司的定位是什么？我们是一家现代服务业公司。告诉我们所有的员工，阿里巴巴是家现代服务业公司。说透了一句话——我们靠服务吃饭。服务绝对不是这个部门的工作，也不是那个部门的工作，服务是每个员工的工作，是每个 manager（管理者）的工作。

我特别希望我们阿里巴巴也出现这样一批员工，就像我上次说的，Toyota（丰田）公司那个老头能够在下雨天去替别人修在马路中间爆胎了的汽车。我们员工要捍卫、建立自己这方面的服务品牌。

前段时间，我的电话号码好像被谁公布到了网上，所以各种各样的电话都打过来，昨天晚上很晚了，我刚从日本回来，还有人跟我打电话。他还很激动："是不是马先生？我是阿里巴巴诚信通的客户，在诚信通上面受骗了，来投诉你们的服务人员没有理我，所以我现在要向你投诉。"我们的渠道不通，电话都打到我这里了。

服务是世界上最贵的东西。世界上什么东西最贵？机器不贵、设备不贵、房子不贵，都是可买的。只有服务是最昂贵的，服务用的是我们每个人的时间，我们的时间是没有办法买回来的。

现在，星期六、星期天，我们服务人员要值班，请大家做好工作。因为淘宝网啊、支付宝啊、阿里巴巴啊，若服务人员休息，客户的生意会受影响。

这里跟大家通报一下情况。最近我们还看到了很多文章，百分之九十的文章都是骂我们的，还有百分之十的文章是我们自己写的。跟我判断的一样，大家不要吃惊。外面现在百分之十的文章我们也不写了。也确实有我们的对手请了四五家公关公司天天在给我们写不好的文章。我们都知道，说我们今天要破产了，明天要走到一个什么边缘了，后天又要怎么怎么。有些文章我很想拿来和大家分享一下，提高一下抗击打能力。

商业不挣钱是不道德的，但是光为了挣钱也不道德。我们还是要创造需求，创造市场。如果大家发现外面有什么异常现象，有什么不明确的事，立刻写信，立刻跟我沟通，我会把事情跟大家讲清楚的。

——摘自马云 2007 年 8 月湖畔学院讲话

深入透析

在阿里巴巴，在马云平凡的理念中，也有像天神一样地位的最高原则，不容侵犯和更改，那就是——阿里巴巴是一家服务公司。这是对阿里巴巴最准确的定位，也确定了阿里巴巴未来的发展方向。

2002 年,阿里巴巴推出了诚信通,建立网络的诚信体系。

2003 年,当所有人都认为阿里巴巴将在 B2B 领域深度挖掘的时候,它突然创建了淘宝网,公然挑战全球 C2C 领域的老大 eBay。

2005 年夏天,阿里巴巴大手笔收购雅虎中国,进入搜索和门户领域。

2007 年,阿里巴巴宣布成立第五家分公司——阿里软件,进入企业商务软件领域。

当人们都不知道阿里巴巴到底要做什么的时候,马云给出了答案:

阿里巴巴的发展方向是"达摩五指",包括诚信体系、市场、搜索、软件和支付这 5 个发展方向。但是,人们并不知道阿里巴巴到底是一家什么公司,IT、电子商务、零售、搜索、国际贸易或者其他?

马云并不认同"阿里巴巴是一家电子商务公司"的观点,他更倾向于"阿里巴巴是一家商务服务公司"的说法。阿里巴巴是将全球的中小企业进出口信息汇集起来的平台,因此,"倾听客户的声音,满足客户的需求"是阿里巴巴生存与发展的根基。

关于什么是电子商务,马云解释说,这几年电子商务被说得越来越神奇。他打心眼里不太愿意参加 IT 的论坛。人家一说马云是 IT 的业内人士他就慌了,阿里巴巴不是一家 IT 企业,而是一家服务公司。

"电子商务就是一个工具,阿里巴巴是家服务公司"这一理念,让马云坚定了信心:技术就应该是傻瓜式服务。阿里巴巴能够发展得这么好,主要是他们的 CEO 不懂技术。大批懂技术的人跟不懂技术的人工作,会很开心,马云也觉得很骄傲,因为有 80% 的商人跟他一样不懂技术。他要求阿里巴巴技术非常简单，使用时不需要看说明书，一点就能找到想要的东西。技术应该为人服务，人不能去为技术服务。

马云说，今天是用电子商务帮助客户成功，如果明天有更好的方法帮助客户成功的话，他一定会扔掉电子商务把它经营起来，客户是最重要的，用什么样的方法并不重要。

未来电子商务的赢家绝对不是纯传统企业，也不是纯网络公司，未来的赢家一定是能把传统企业和电子商务结合得很好的企业。这正是马云将阿里巴巴做成服务企业的理念源泉。

能量辐射

比尔·盖茨说："21世纪所有的行业都是服务性行业。"现在，服务已不再是狭隘的服务，而是一种大服务观念，它是一种人与人之间的沟通与互动，来源于所有人和所有行业，也就是说，我们每个人都是在从事服务业。

服务决定成败，服务创造价值。一个没有服务观念、不提供优质服务的企业，必将被同行远远地甩在后面；而一个以服务为经营理念、以服务赢得顾客的企业，必然会遥遥领先于同行。

在日本东京，有一家名为新都的理发店，每日顾客盈门，生意兴隆。这家理发店看上去并不比别的理发店高档，那么，他们是靠什么办法吸引众多顾客前来理发的呢？有人专门做过调查，发现新都理发店之所以门庭若市，只是出于偶然，出于店主转变经营观念的一个新颖的创意——"出租"女秘书。

那天雨下得很大，一位顾客来店里理发，刚理到一半时，他的手机突然响了，老板让他立即将一份拟好的协议打印好，送到客户公司。

这下，那位顾客变得非常焦急，望着窗外的滂沱大雨，再看看自己刚理了一半的头发，他进退两难。最后，他还是决定放弃理发，冒着大雨去打印文件，这位顾客的狼狈是可想而知的。

顾客走后，理发店的老板并没有觉得这件事和自己的生意无关，他陷入沉思，仔细思索着这件事，希望能有更好的方法解决这类问题。于是，一个新的服务项目很快在新都理发店应运而生。经过策划，该店雇了一位办理贸易手续的专家、两位整理文件的女秘书、一位日文打字员、一位英文打字员和一位英文翻译。

如果顾客是带着文件来的，顾客理发时女秘书们就会帮忙整理文件；如果顾客需要打印文件，在理发店里就可以完成。所以，顾客在等候或理发的时候也和在办公室里一样可以办公。

新都理发店的这项服务一经推出，一下子就吸引了很多每日工作繁忙的顾客，他们觉得来理发不仅可以及时处理手上的工作，还是一个很好的放松机会。新都理发店依靠这个特色服务，年经营额增长了5倍。

日本一位经济学家称："优质的服务是回报率最高的投资。"也就是说，服务能够产生价值，服务本身也是一种价值。服务好，顾客不但会再次光顾，还很可能会介绍更多的人前来；服务不好，顾客就不会再上门，周围的人也将得知这一点。

没有优质的服务，就无法获得永远的支持。以服务精神待人会为企业照亮一条通往美好未来的道路。

把社会责任纳入企业发展蓝图

　　世界不需要再多一家互联网公司，世界不需要再多一家像阿里巴巴一样会挣钱的公司，世界需要的是一家更加开放、更能分享、更加负责任的公司。社会需要的是社会型的企业，来自于社会，服务于社会，能够承担社会责任的企业。世界需要的是一种精神，一种文化，一种信念，一种梦想。

　　阿里人未来十年要坚守我们的信念，坚守我们的文化，坚守我们的梦想。只有梦想、理念、使命、价值体系才能让我们走得远。我们希望通过阿里人的努力，让全世界所有的企业在平等的、高效的平台上运作。

　　我们期望十年以后，在中国这片土地上，再也看不见民营企业和国有企业之间的区别，再也看不见外资企业和内资企业的区别，再也看不见大企业和小企业的区别，我们希望看到的是诚信经营的企业。

　　我们希望看到商人再不是唯利是图的象征；我们希望看到企业不只以追求利润为目的，也追求社会的效益，追求社会的公平，提高社会效率；我们希望看到自己作为企业家，作为商人，在这个社会里面，承担着政治家、艺术家、建筑家一样的责任，成为促进社会发展的主要动力之一。

前面十年，通过我们全社会各位朋友的帮助，阿里巴巴使自己创业成功，未来十年阿里巴巴希望通过自己的平台帮助无数的企业成功，帮助无数的创业者成为"阿里巴巴"。

从18位员工到今天17000位员工，我们将永远坚持员工第二（客户是第一位的），我们将永远不仅满足于创造很多的百万富翁，我们关注员工的幸福感。阿里人我们要共同努力，在2010年能设计、打造阿里员工的幸福指数。

我们希望员工不仅仅物质富有，也精神富有，我们希望员工有成就感，被社会认同，被社会尊重，我们永远坚持认真生活、快乐工作。

对所有的股东，所有支持阿里巴巴、信任阿里巴巴集团的股东们，我们用自己的行为保证，一定会给股东以丰厚的回报。但我们回报的不仅仅是金钱，我们希望阿里巴巴所有的股东，最后感到骄傲的是，你们投资了一家对社会有巨大促进作用，对社会承担巨大的责任、帮助就业、成就梦想的公司。只有这样的公司，才会使你觉得有成就感。

——摘自马云2009年阿里巴巴十周年庆典讲话

深入透析

一个企业家创办企业，肯定有自己的初衷、自己内心的真实目的。马云有着独特的企业家情怀，他对企业家的社会责任感有真切的看法，并且将之付诸行动。这些其实是他创建阿里巴巴的内涵和延伸，是他做企业的真正动力和目的。

马云希望自己的电子商务能让更多的人就业，这样大家的家庭才能稳定，事业才能发展，社会才能稳定。他用自己的理论唤醒他人，用自己的行为感染他人，这也是企业家有社会责任感的一种体现。

马云对企业、企业家与社会责任三者之间的关系有自己的理解：

社会责任不该是一个空的概念，也不单纯局限于慈善、捐款，而是与企业的价值观、用人机制、商业模式等息息相关。做企业要赚钱，赚很多的钱，许多人都这么想，但这不是阿里巴巴的目的。让员工快乐地工作、成长，让用户得到满意的服务，让社会感觉到企业存在的价值，这才是阿里巴巴的责任所在，至于赚钱和社会回报，那是水到渠成的事。

在 2006 年以"新财富观：社会责任价值共创"为主题的"中国管理 100 年大会暨'双十'颁奖典礼"上，马云再次阐述了他对社会责任的理解。他说最近很流行"社会责任感"，他觉得在中国这种国情下的企业，三件事情是最重要的：

第一，必须对自己提供的产品和服务承担起社会责任。如果企业挣很多钱，但是制造的产品跟服务是对社会有害的，比如曾经的红心鸭蛋，提供这些对社会有害的服务和产品，哪怕捐再多钱他也看不起这些人。

第二，依法纳税。一方面想着避税，一方面又想着年底要捐多少钱，这种人也不少，马云也看不起。

第三，在中国现在的形势下，企业家最稀缺的资源应该是把所有的钱用于扩大自己的经营，增加就业机会。现在大学生说找不到就业机会，马云觉得大学生需要的不是低廉的工资，大学生需要的是就业机会，而创业机会最大的是企业家。

马云表示如果自己今年60岁、70岁，也会选择像李嘉诚、巴菲特那样把自己的钱捐出去。但是现在他觉得最重要的是创造优秀的服务、优秀的产品，依法纳税，创造更多的就业机会，让更多的人有工作，在社会上生存。

社会责任一定要融入企业的核心价值体系和商业模式中，才能行之久远。也就是说，一个企业的产品和服务必须对社会负责。如果卖的产品和提供的服务对社会有害，即使做得再成功也不行。

在马云看来，中国今天还没有世界级的企业，中国的企业还很小，路还很长。企业家把自己的企业做好，用自己的产品和服务对社会承担责任，依法纳税，创造更多的就业机会，这可能是当今企业家首先要承担的社会责任。

能量辐射

爱默生说："责任具有至高无上的价值，它是一种伟大的品格，在所有价值中它处于最高的位置。"领导就意味着责任，承担责任会赢得更多的尊重。只有你承担起责任来，才能将整个团队带好，才有领导的魄力和信服力。

2013年5月10日，马云在卸任阿里巴巴CEO的演讲中说：

"做公司，到这个规模，小小的自尊，我很骄傲，但是对社会的贡献，我们这个公司才刚刚开始。

"我们今天得到的远远超过了我们的付出，这个社会在这个世纪希望这家公司走远走久，那就是要我们去解决社会的问题，今天社会上有那么多问题，这些问题就是在座各位的机会。如果没有问题，就不需要在座的各位。

"阿里人坚持为小企业服务，因为小企业是中国梦想最多的地方。14年前，我们提出了'让天下没有难做的生意，帮助小企业成长'。今天这个使命落到了你们身上，我还想再为小企业讲，人们说电子商务、互联网制造了不公平，但是我的理解，互联网制造了真正的公平。

"全国各省、各市、各地区，有哪个地方为小企业、初创企业提供税收优惠，互联网给了小企业这个机会。有些企业三五年内享受了五六个亿用户，他们呼唤跟小企业共同追求平等，小企业需要的就是500块钱的税收优惠，请所有阿里人支持他们，他们一定会成为中国将来最大的纳税者。"

企业是社会的细胞，社会是企业利益的源泉。企业在享受社会赋予的条件和机遇时，也应该以符合伦理、道德的行动回报社会、奉献社会。很多优秀的企业早已证明了这一点：社会责任感强的企业，才更受尊重。

作为中国"最具社会责任感企业"之一和"中国最受尊敬企业"，青岛啤酒靠的是实实在在的行动，社会的认可和肯定是它"社会价值高于企业价值"的充分体现。

2008年1月，中国南方遭遇了50年一遇的罕见冰雪灾害。1月29日，青岛啤酒紧急抽调湖南区域上百名员工，给上万名受困群众送去面包、饼干、纯净水、棉大衣等救助物资。青岛啤酒员工与政府、媒体一线记者、广大部队官兵在刺骨的寒风暴雪中共同给受困数日的群众带去温暖。

从1月29日早8点到30日凌晨2点，100多名青岛啤酒员工奔走在京珠高速上，在救灾物资都已发放完毕的情况下，青啤员工毫不犹豫地将身上的棉袄也脱了下来，送给被寒冷折磨的司机和乘客，而他们穿着单薄的衣裳继续传递爱心。

在全国助残日活动期间，青岛啤酒特为残奥会捐赠150万元人民币，用于残奥会的筹备和赛事使用，支援中国残疾人体育代表团更好地备战残奥会，让更多的残疾朋友参与进来，感受奥运带给大家的激情与活力。

企业不关注责任、不关注未来是走不远的。企业履行社会责任与企业品牌建设有着直接、深切的联系，履行社会责任已经成为企业品牌建设的新的路径。把社会责任纳入企业的发展蓝图，这样的企业才能走得更稳、更远。

第五章
不断学习，在创新中持续成长

企业要在 21 世纪有发展，这四个要素必须具备：开放、分享、责任和全球化。

创新不能按图索骥

　　我从不使用咨询公司，也很少理会学者的说法，因为他们的理论都是事后归纳出来的。创新绝对不是提前就设计好，按图索骥地一步步走下来。创新没有理论，也没有公式，就是一个个地解决问题。我相信，天下有1000个问题，就有1000个回答。

　　1994年底，我在美国上网时发现当时的互联网上没有任何关于中国商品的信息，当时就有了稀里糊涂的想法，有一天能够把中国企业的信息放到网站上去，让老外查，让老外去帮中国企业做事情。

　　回到杭州，我咨询了大批的老师，他们都反对。我又请了我在夜校的24个同学在家里讨论，经过两个小时的讨论，23个人反对，只有一个人说你要试试就试试看，我就决定试试看。到工商局注册公司的时候，我花了一个多小时解释互联网公司是什么，工作人员却说这个在字典里没有，于是我建了杭州第一家电脑资讯服务公司。我的创业正是从这家公司开始的。

　　从一开始，我们就定下了通过电子商务帮助小企业的战略，今天看来这是成功的。如果你要问我：阿里巴巴怎么这么厉害？怎么这么早就预测到电子商务？我要告诉你，其实当时我们没有其他路可走。当时的网络经济模式只有三种：做门户网站——没钱没资源；游戏网站——我不想要小孩子们泡在游戏里；所以我们只能做电子商务。

支付宝，现在看来也是一个很成功的创新，但在我看来，也是被"逼"出来的。淘宝当年做得很热闹，但是没办法交易，中国的网上诚信现状逼迫我们必须解决支付的问题。但是，这个事儿得国家发牌照，我们做还是不做？大的国有银行不愿意涉足这个领域，但是他们不做，花旗银行、汇丰银行这些外资银行就会做。

那年我参加会议的时候，听一位领导人讲："什么让你创新和做出对未来的决定？那是使命。"所以我告诉同事们，我们做"支付宝"。但是我会每个季度向央行等有关部门报告我们到底怎么做的。要做得干净，做得透明。

支付宝的模式其实也谈不上创新，甚至很愚蠢，就是"中介担保"，你买一个包，我不相信你，钱不敢汇过去，就把钱放在支付宝里面。收到包后，满意了中介就把钱汇过去，不满意就通知中介把钱退回去。和学者们谈到这种想法时，他们说："太愚蠢了，这个东西几百年以前就有。早就淘汰了，你干吗还要做？"

但是，我们不是想去创造一种新的商业模式，而是为了解决很现实的问题，至于它在技术上有没有创新，那不是我们关心的问题。经过几年的"盲人骑瞎虎",到今天为止,支付宝的用户已经突破 5.6 亿人。

——摘自马云 2011 年 3 月《创新的源泉》演讲

深入透析

在这场名为《创新的源泉》的演讲中,马云坦言无法给出创新的定律,因为创新不是设计出来的,而他自己的一次次创新经历也是被"逼"出来的。企业要在 21 世纪有发展,这四个要素必须具备:开放、分享、责任和全球化。

在业界,马云也被人评价为"不走寻常路"之人。有人曾说:"中国互联网这 10 年里迅猛发展且又变化莫测,有不少能够经得起大风暴,又独具判断能力的成功人士,其中的代表就是马云。"马云有着料事如神的独到眼光和创新能力。他总是能够运用他准确、锐利的洞察力,比同时期、同行业的人棋高一筹。

2013 年 5 月,马云被胡润研究院评为"2013 中国十大创新企业家",并名列榜首。被胡润研究院评选为"十大创新企业家"的马云、马化腾、任正非等人,都是在各自的领域中,拥有独特的创新精神,并通过创新带动企业的发展和繁荣,从而引领了整个行业的方向。

胡润研究院对马云的评价是"创立了阿里巴巴,引领了中国的电子商务行业"。而且,在胡润研究院推出的中国品牌榜百强名单中,淘宝、天猫和支付宝这三个上榜品牌都是由马云创造的。

在马云看来，要创新必须扛得住压力，挡得住诱惑，耐得住寂寞。他最早被人说是骗子，后来被说成疯子，今天被称为狂人，不管别人怎么说，他始终相信自己，不会在乎别人怎么看待，只在乎自己怎么看待这个世界，如何按照既定梦想一步一步往前走。这是做企业或者做任何事一定要走的路。

有人曾说，因为阿里巴巴的 B2B 没有被世界认可，马云推出了 C2C；又因为他的 C2C 也没有被认可，所以阿里巴巴并购了雅虎的引擎。这些都是外界的猜测而已，马云认为中国的电子商务在未来几年一定会出现突破性的发展，也许 3 年，也许 5 年，电子商务在中国一定会超越美国电子商务的模式，这是他坚持的判断。

能量辐射

石油大王洛克菲勒说过："如果你想成功，你应辟出新路，而不要沿着过去成功的老路走……即使你们把我身上的衣服剥得精光，一个子儿也不剩，然后把我扔在撒哈拉沙漠的中心地带，但只要有两个条件——给我一点时间，并且让一支商队从我身边经过，那要不了多久，我就会成为一个新的亿万富翁。"

创新首先是一种态度，而不仅仅是建立一个强大的研发中心，或者拥有庞大的研发人员那么简单。重要的是把创新延伸到整个公司，适应新的市场需求，不断拿出更好的产品，不断满足人们对产品价值的要求。

美国家乐公司的起家正是因为创新。该公司首创了早餐麦片，引发消费麦片的潮流。其后，家乐公司以它质量可靠、供货稳定等特点，在美国市场傲视同行长达 20 多年，其地位无人匹敌，公司也是大赚特赚。但是，家乐公司沉浸于自己的美梦而渐渐丧失了进取精神。到了 20 世纪 70 年代末，人们的消费习惯随着时代的发展起了变化，家乐公司在丰厚利润的掩盖下，没有注意到这种变化，也没有采取新措施以适应新的形势。

当家乐公司还在万事大吉的神话中睡觉时，它的竞争对手向它发起了进攻。美国的通用磨坊、通用食品等公司通过充分的市场分析，了解了新的消费群、新的消费口味，并有针对性地推出新口味、新品种、多类型的价格便宜的麦片。它们不仅在产品上创新，而且采用了新的宣传方式，大搞促销活动。结果，产品一经推出就大受欢迎，成为市场上的抢手货。

市场是非常残酷的，消费者很容易喜新厌旧，新产品给了家乐公司迅猛一击，在毫无准备的情况下，家乐公司的市场占有率从过去的 80% 以上急剧下降到 38%。

在现代社会，最具创新力的企业，才能赢得最多的利益。家乐公司由于后来疏于对产品的创新，没有跟上时代的变化，导致产品被淘汰，甚至公司走向破产。其实，任何企业都应该明白，要懂得独辟蹊径，不走寻常路，善于创新，这样才能稳赢不败。

创新是一种观念。一个人如果没有强烈的"创新"观念，不能时时刻刻想到创新，不能时时刻刻注重创新，那么，创新自然也就成了一句空话。所以，在进行创新之前，首先要解决观念创新问题，如果根本接受不了，更不用说去做了。古人说"不谋全局者，不足谋一域；不谋万事者，不足谋一时"，说的就是"思路决定出路"，而思路的形成离不开观念的创新。

那么，怎么样才能做到不断创新呢？下面有几个可行的方法：

第一，加强学习，注意训练。要做到创新思维，就要加强学习。同时，在学习的基础上，注意加强思维方面的训练，开发自己的智力。平时，在工作当中遇到问题，要养成经常问自己"到底应该怎么办"的习惯，从而给自己思维施加压力，使思维保持在灵活状态，一旦注入要素，就能确保正常运转。

第二，对自己的工作要经常系统思考。系统思考是指从全局性、层次性、动态性、互动性等方面综合考虑问题的一种方法，系统思考将引导人们产生一种新的思路，使人们从复杂细节中，抓住主要矛盾，找到解决问题的方法。

第三，另辟蹊径，深入挖掘。对同一事物，同一问题，不要人云亦云，拾人牙慧，尤其是对一些司空见惯的问题，更不可一味"老生常谈"，重复他人说过无数遍的话，而应有一些自己独到的认识和不同的看法。

第四，要有批判意识和怀疑精神。批判意识或怀疑精神是创新的重要条件，看问题的时候多一些怀疑、多一些批判，有助于进一步提出更好的解决问题的办法。

打破规则，变通思维

前些天，我组织公司的一些高层看《历史的长空》。这是一部很好的电视剧，讲述了一位农民如何逐步成长为将军的故事。主人公姜大牙一开始几乎是个土匪，但是通过不断学习、实践，不仅学会了游击战、大规模作战、机械化作战，而且还融入了自己的创新，最终成为一个百战百胜的将军。

与众多的中小企业一样，阿里巴巴也希望员工像姜大牙一样，不断改造，不断学习，还要不断创新，这样企业才能持续成长。

——摘自马云《文化是企业的 DNA》

深入透析

人类心理活动的普遍现象是，长期习惯于按"一定之规"考虑问题，懒于进行创新思考。而创新是人类社会进步的客观要求，这需要付出极大的努力，摆脱并突破一种思维定式的束缚。

人的一生充满无数未知，只凭一套生存哲学，便欲轻松跨越人生所有关卡是不可能的，想要轻易越过人生中的障碍，不断突破自己，向未来更美好的领域迈进，就需要学会用打破常规的智慧与勇气来变通。作为跨越生命障碍、走向成熟的重要一步，变通是一门生存智慧，更是一门学问。

变通的最大敌人就是"定式思维"，即常规思维的惯性，又可称之为"思维定式"，这是一种人人皆有的思维状态。当它在支配常态生活时，似乎还有某种"习惯成自然"的便利，所以不能说它毫无益处。但是，当面对新事物时，若仍受其约束，就会阻碍创造力的形成。

阿玛尔·毕海德是美国芝加哥大学中小企业创业课程客座教授，他说："我曾经在硅谷等地做过一些演讲，当时，有人告诉我，创新就是生产力的提升，现场很多人都同意这个观点，但是我想，创新并不是精英人群引领的事物，并不只是技术专利的申请，或者论文发表的数量，或者你的公司是否在纳斯达克上市这样一些看上去很光鲜的事情。"

他认为，只关注产品创新或者单纯模仿的项目，并不是创新。"我觉得消费者这个层面是非常重要的，一些经济学家和政策决策者，很多时候却都忽略了消费者这个因素，但很多创新受益者并不是生产者，而是消费者。"

新产品和技术的发明，虽然是最看得见、摸得着的创新，却因为成本和管理的难题，很可能被湮没。实际上全世界每天都在产生成千上万的新专利技术，他们中大部分只是作为专利局的陈列品而已，根本不会对商业发生猛烈的冲击，甚至连影响可能都没有。

在管理学家和经济学家们眼中，创新都是企业的高层次活动。仅管如此，创新仍然需要讲究策略。打破某些规则，可能是属于一种终极的创新方式，会带动所有的产业方式发生整体变化。这种方式，或许是激烈的变革，单就组合方式的生产力来说，却可能是最有力量的。

能量辐射

创新是企业的灵魂，是企业保持旺盛生命力的基础，是取得竞争优势、使企业立于不败之地的法宝。时刻虚心学习、永远大胆创新，是每一个企业和每一个员工的责任。

美国明尼苏达矿业制造公司（3M）以其能为员工提供创新环境而著称。3M公司认为，有强烈的创新意识和创新精神的员工是实现公司价值的最大资源，是3M达到目标的主要工具。3M公司鼓励每一个员工都要具备这样一些品质：坚持不懈、从失败中学习、好奇心、耐心、个人主观能动性、小组合作、发挥好主意的威力等。3M有一个奇怪的"15%时间定律"，即允许每个技术人员可以用15%的工作时间来"干私活"，搞一些个人感兴趣的工作，这可以是对公司没有直接利益的。事实证明，3M的许多新产品都是在15%时间定律下产生的。

创新是企业发展的活力之源，是企业长盛不衰的法宝。工作中，许多人的创新能力之所以没有释放，是因为存在着严重的心理障碍，特别是因为缺乏自信心而不相信自己有创新能力。

不去尝试，就永远不可能有成功的可能。如今，许多500强企业已经把"尊重员工""让员工成功"作为公司的理念，赋予员工更大的自主性和责任，鼓励员工提出不同的意见或建议，给员工参与创新和管理的机会，实现企业内部的信息沟通与信息共享，把企业的发展目标和发展方向，甚至把遇到的困难和问题都告诉员工，让每个人都参与到为企业出谋划策的行列中来，从而使每个员工都成为自觉的创新主体。

早在20世纪50年代，日本丰田公司实施了一项被称为"动脑筋创新"的建议制度。

该公司首先设立动脑筋创新委员会，制定了建议规章、奖励办法等。然后，在各车间设置建议箱，成立"动脑筋创新"小组，组长对提建议的员工进行有计划的帮助，使员工可以自由、轻松、愉快地提出建议；在各部门则分别设立建议委员会，把鼓励提建议的方针贯彻到公司的各个角落。

为鼓励员工积极提建议，丰田公司将提建议制度与奖励制度紧密相连，其审核标准分为有形效果、无形效果、利用程度、独创性、构想性、努力程度、职务减分等7个项目，每个项目以5~20分的评分等级来评定分数，满分为100分。相应的奖金最高为20万日元，最低为500日元，对于特别优秀的建议，则给予特别的奖励。

"动脑筋创新"建议制度在丰田公司实施仅一年，就征集了183条建议。至20世纪70年代，公司每年收集到的建议达5万余条，这大大调动了员工的工作热情，为丰田公司的发展提供了源源不断的动力。

那么作为员工，我们在工作中怎样才能成为推动企业发展的创新型人才呢?

　　要终身学习,不断总结,不断研究外部环境的变化,不断对自己提出新挑战,紧跟时代的发展。

　　参加培养创新能力的培训班,学习一些创新理论和技法,经常做一做创造学家、创新专家设计的训练题,提高创新思维能力。

　　积极参加创新实践活动,尝试用创造性的方法解决实践中的问题。人们越是积极地从事创新实践,就越能积累创新经验,锻炼创新能力,增长创新才干。

　　不要被失败打倒。创新必定会有风险成本,美国3M公司有一句著名的格言:"为了发现王子,你必须与无数个青蛙接吻。"视失败为创新,没有失败就没有创新,没有坦然面对失败的勇气,也就无缘享受创新带来的喜悦。

有用的创新才有意义

经过数月的思考及准备，集团决定从2011年6月16日起把淘宝分拆为三家公司。三家公司为：一淘网（www.etao.com）、淘宝网（www.taobao.com）和淘宝商城（www.tmall.com）。这次分拆影响重大，所以我向大家汇报主要的出发点和意义。

第一，全球互联网和电子商务的形势发生了巨大的变化，我们决定把大淘宝战略提升为"大阿里"战略。近两年来，互联网在搜索、SNS（社区化）和电子商务领域里发生了格局性的变化，新公司层出不穷。2009年启动的大淘宝战略取得了阶段性进展，我们初步建立了一个强大的以消费者为中心的网购生态系统。为了更好地适应今天行业的快速发展，集团决定提升大淘宝战略为"大阿里"战略。

大阿里将和所有电子商务的参与者充分分享阿里集团的所有资源——包括我们所服务的消费者群体、商户、制造产业链，整合信息流、物流、支付、无线以及以提供数据分享为中心的云计算服务等，为中国电子商务的发展提供更好、更全面的基础服务。大阿里战略的核心使命仍是建设开放、协同、繁荣的电子商务生态系统，促进新商业文明。

第二，客户的需求发生了很大的变化。一方面，网上消费购物在淘宝的引导和努力下已经从生活的补充变成了生活的必需，我们要为消费者提供更专业和个性化的服务。另一方面，随着内需的展开和企业的转型，越来越多的企业将会使用电子商务来服务客户，他们需要的支持和服务也今非昔比了。

所以我们必须从以淘宝网为主的消费者平台升级为"无处不在"的供需双赢的消费平台。这新平台将由阿里巴巴B2B和三家"Tao"公司一起完成对不同客户的服务：我们希望一淘网的购物搜索、淘宝网物美价廉的社区化创新以及淘宝商城的精品专业体验给消费者以全新的感受。同时，也能更加专业化地帮助更多企业和创业者开展积极的电子商务服务和营销。

第三，新商业文明的建设必然要求企业内部管理发生根本性变化，我们必须主动创新。阿里公司在短期内发展成那么大，但竞争优势不是凭个子大。我们必须在组织结构上不断尝试和创新，才能摸索出适合互联网发展的新型企业管理的思路和模式，保持创造力和先进性。

阿里的惯例就是把大公司化成小公司来做，这样才能建立更加创新的机制，才能让更多的年轻人和新同事成长起来，在"小"环境里让大家有更多机会展示才华和能力。

第四，我们相信淘宝分拆能创造更大的产业价值、公司价值和股东利益，今天的分拆看起来似乎令淘宝失去规模优势，从"有"变成了"无"，但这是无处不在的"无"！我们把淘宝融入大阿里战略的核心，将为整个行业和集团的发展创造巨大的价值，给无数电子商务的从业者更多公平竞争和发展的机会。

我们坚信，中国电子商务发展得好和阿里可能没有太大关系，但发展得不好和阿里一定有关系，今天阿里的整体利益一定是和整个行业的规模和未来一致的。我们不排除未来集团整体上市的可能性，让一直相信和支持我们的员工和股东们分享成果。

——摘自马云 2011 年写给员工的内部邮件

深入透析

李开复说："创新固然重要，但有用的创新更重要。"创新是手段但不是目的，只有其成果应用于实践并产生实际的价值，才是有意义的，否则就只是浮于表面的天马行空的想象，是对资源与时间的浪费。在这一点上马云做得很好。

马云在 2005 中国经济年度人物评选创新论坛的演讲中谈道："阿里巴巴要帮助中小企业成功。这个思想从哪儿来呢？我记得应邀到新加坡参加亚洲电子商务大会，我发现 90%的演讲者是美国的嘉宾，90%的听众是西方人，所有的案子、例子用的都是

eBay、雅虎这些，我认为亚洲是亚洲、中国是中国、美国是美国，美国人打 NBA 打篮球打得很好，中国人就应该打乒乓球。回国的路上我觉得中国一定要有自己的商务模式，是不是 eBay 我不知道，是不是雅虎我也没有看清楚，但是如果围绕中小企业，帮助中小企业成功我们是有机会的。"

马云从中国实际出发的这种认识，促使他在最初构思的时候，就确定了阿里巴巴要从中国国情、从阿里巴巴自身的特点出发，他提出了这样的创新之路：阿里巴巴成立的目的是通过互联网帮助中国企业出口，帮助国外企业进入中国；考虑到推动中国经济高速发展的是中小企业和民营经济，因此选择中小企业作为自己的主要服务对象。

从实际出发思考创新之路的马云，同样坚持着创新要为客户创造实用价值这一理念。

阿里巴巴推出的即时聊天工具——阿里旺旺，虽然聊天功能不如 QQ 强大，但它却是针对网上交易而出现的，很多功能体现的是网络交易交流的特点，方便买卖双方的沟通。它符合会员自身的实际需求，因此推广以来得到很多会员的认可和接受。

收购雅虎中国后，马云谈到新雅虎中国的设计时说："酷不是本质的东西，酷对我来说很难，我就是这样子的，我们酷就是做我们自己的东西，我们不希望创造酷的雅虎，创造更为实用的雅虎可能更重要。"

同样，在谈到支付宝的设计时马云说："阿里巴巴的任何技术创新管理都不是追逐市场，而是追逐客户。淘宝有 660 万用户，淘宝所有的服务都是专注于这些用户的。阿里巴巴不在乎技术创新好不好，但技术创新要为客户服务。支付宝没有什么技术创新，但是管用！"

诚如马云所言"解决问题是最重要的"。一个产品最重要的是其实用价值而非其他，不管是纯粹的有形商品还是纯粹的无形商品还是是两者的混合，人们之所以选择它就是为了解决问题。很多创新研究都强调创新的技术内涵而不是客户真正体验到的东西，但这种创新往往是毫无意义的。我们强调创新，但更强调实用的创新。

能量辐射

哈佛商学院终身教授迈克尔·波特认为："单纯的、无明确目的的技术变革并不重要。标新立异的企业获得成功的关键，就是找到为买方创造价值的途径，增强企业独特性，使企业获得的溢价大于增加的成本。"

曾经重拳推出的第五季饮料，被健力宝集团轰轰烈烈地宣传过，无论是在产品名称上，还是在包装上都采取了与常规不同的创新，然而其推广没有成功，消费者并不认可，最终惨遭市场淘汰。这是为什么呢？

一年只有四季，"第五季"这个名称确实够新鲜，够创新，够差异化。但是，仅仅是名称创新，品质并没有与竞争对手区别开来，消费者不会只为这个新名字而埋单。

娃哈哈曾经推广过一款叫"维生素水"的饮料。研发者认为，含维生素的水肯定好于那些不含维生素的水。但市场反馈的情况是：注重维生素的消费者会选择果汁类型的饮料，不管商家怎么说，消费者都认定果汁饮料要比维生素水更具维生素、更好喝。

为了创新而创新，注定是要失败的。企业的创新战略，一定要立足于消费者的需求，以期最大限度地获得顾客的理解和认同。

华龙面业六丁目方便面的成功就在于运用差异化战略，牢牢地把持住低档面市场。低档面市场是方便面巨头康师傅与统一暂时不愿意进入的市场，但这个市场需求量非常大，虽然有众多本土方便面企业进行恶性竞争，但各区域市场上始终没有强势品牌。

华龙面看到了产品差异化契机：绕开与行业巨头的竞争，全面进入低档面市场；打造强势品牌，采取低价策略，从而击败众多本土品牌，确定霸主地位。针对中原人尤其是河南人爱面食、市场基础特别好，但对方便面性价比非常敏感的需求特点，华龙推出零售价只有 0.4 元 / 包的六丁目，以"惊人的不跪（贵）"成功实施差异化战略。

随着广告的大力宣传，六丁目出奇制胜进入老百姓内心，受到老百姓空前的追捧，一举成为低档面的领导品牌，年销量达六七个亿。

顾客需求是市场的灵魂。从市场营销的角度讲，每一种需求都可以成为创新的出发点。但是，并不是每一种创新都能获得市场认可，只有准确把握目标顾客的关键需求，创造出顾客所期望得到但竞争对手尚未提供的利益，才能获得巨大成功。所谓顾客的关键需求，就是对购买决策产生重要影响的利益需求。

第六章
探索独特的模式，让企业走得更远

　　成功的模式很难被复制，能被复制的都不是好东西。背后的汗水，背后的艰辛，背后的委屈，背后不断寻找这条路的精神是永远无法被复制的。

大部分人看好的东西已经轮不到你

1995 年我做出的决定，我对自己讲我可能改变了自己一辈子所从事的事业。而今天，我把大家请过来，跟大家探讨至少五年十年我们要做的事情。

雅虎的上市，亚马逊的上市，这一系列公司的上市，导致我们在想，Internet 是不是已经到了顶点？雅虎是不是已经做得差不多了？我们再跟下去的话是不是太晚了？所以我们大家今天到这里来都很着急，都在想我们这么做下去前途在哪里？到底有没有希望？玩下去玩一个什么东西出来？我们有可能变成什么样？大家可能都带来了方案，我们从基础做上去以后的好处在哪里？

在大家都觉得是一个机会的时候，我们不去凑热闹。而越在大家都还没有开始准备，甚至避之不及的时候，往往正潜伏着最大的机会。

——摘自阿里巴巴第一次员工大会

深入透析

1999 年 2 月 21 日，阿里巴巴召开第一次员工大会，马云在会上说出了自己构想的网站模式：不做门户，也不做 B2C，而是做面对中小企业的 B2B。这个"疯狂"的想法，让会议的争论异常激烈。

当时的中国互联网市场，虽然美国的三大模式（门户、B2C、C2C）都能找到，但绝大多数都是门户网站。会议上多数人认为做门户网站是唯一可行的方案，但马云坚决否定了这个提议，他说："大部分人看好的东西，你就不要去搞了，已经轮不到你了！"

马云的构想起源于 1999 年 2 月他在新加坡参加的亚洲电子商务大会。马云由会上发言人大多为欧美人士想到，欧美电子商务市场，特别是 B2B 模式，是针对大企业的，而亚洲电子商务市场主要在中小型企业，于是他决定创办一种中国没有、美国也找不到的模式。

马云曾不止一次地说："如果一个决定出来以后有 90% 的人说好，你就把这个决定扔到垃圾桶里去，因为那不是你的。别人都可以做得比你更好，你凭什么？"这就是马云的独特之处，看起来疯狂，往往却有效。

能量辐射

很多时候，对问题只从一个角度去想，很可能进入死胡同，因为事实也许存在完全相反的可能。有时，问题实在很棘手，从正面无法解决，这时，假如探寻逆向可能，反倒会有出乎意料的结果。

1820 年，丹麦哥本哈根大学物理教授奥斯特，通过多次实验证实存在电流的磁效应。这一发现吸引了许多人参加电磁学的研究。英国物理学家法拉第怀着极大的兴趣重复了奥斯特的实验。

果然，只要导线通上电流，导线附近的磁针就会立即发生偏转，他深深地被这种奇异现象所吸引。当时，德国古典哲学中的辩证思想已传入英国，法拉第受其影响，认为电和磁之间必然存在联系，而且，既然电能产生磁场，那么磁场也能产生电，二者可以相互转化。

为了证实这种设想，他从 1821 年开始做磁产生电的实验。几次实验都失败了，但他坚信，从反向思考问题的方法是正确的，他始终坚持这一想法。

十年后，法拉第设计了一种新的实验，他把一块条形磁铁插入一只缠着导线的空心圆筒里，结果导线两端连接的电流计上的指针发生了微弱的转动，电流产生了！随后，他又完成了各种各样的实验，如两个线圈相对运动，磁作用力的变化同样也能产生电流。

法拉第十年的不懈努力没有白费，1831 年他提出了著名的电磁感应定律，并根据这一定律发明了世界上第一台发电装置。如今，他的定律仍深刻地影响着我们的生活。

选择正确的发展模式

看得清的模式不一定是最好的模式，看不出你怎么赚钱的模式说不定最好。

很多年轻人是晚上想想千条路，早上起来走原路。中国人的创业，关键不是因为你有出色的想法、理想、梦想，而是你是不是愿意为此付出一切代价，全力以赴去做它，证明它是对的。

我认为好的东西往往是说不清楚的，说得清楚的往往不是好东西。成功的模式很难被复制，能被复制的都不是好东西。背后的汗水，背后的艰辛，背后的委屈，背后不断寻找这条路的精神是永远无法被复制的。一旦形成模式，这家企业基本上也就看到头了。

其实，最好最成功的往往是最简单的，要把简单的东西做好也不容易。阿里巴巴要像阿甘一样简单。

——摘自马云《赢在中国》点评

深入透析

商业模式是企业的生存发展之本，对企业非常重要。任何一个企业和商业项目创立之初，最需要费工夫琢磨和研究的，就是商业模式。

麦当劳是全球的大型连锁快餐餐厅，在世界上大约拥有3万家分店，主要售卖汉堡包、薯条、炸鸡、汽水。在麦当劳，你看不到它有很多产品，也看不到很多促销活动，但是它打败了全世界的竞争者，它依靠的是强大的品牌盈利模式！

当Dell还在大学读书的时候，IBM已经是蓝色巨人了，但是现在DELL电脑连续11年领跑全世界，它既没有突出的硬件技术，也没有庞大的研发能力，凭什么不断发展而且持续盈利？依靠的就是独特的全价值管理盈利模式！

一个企业如何实现可持续盈利？这是伴随着企业经济活动的一个永恒主题。企业管理者想要在挤满既有竞争者的荆棘丛中找到一条通幽的捷径，就必须考虑如何维系长期生存与盈利的能力。

企业管理者都非常重视盈利。"做大还是做强""得终端者得天下""让执行没有任何借口""拥有一个知名品牌才是核心竞争力"这是很多企业经营者的关心点和挂在嘴巴上的口号。但在现实的市场上，到处充斥着价格战、促销战、人海战、广告战、模仿战，等等。而企业的经营结局往往是销量增加利润下降、新产品盈利周期越来越短、人员增加、费用加大、现金流越绷越紧、亏损面不断加大。面对这种状况，一家企业如果没有自己独特的商业模式，就不可能在市场上站稳脚跟。

选择正确的商业模式，对企业的发展来说异常重要。但是，并非任何商业模式都会对企业的发展具有促进作用，今天这个模式有用，并不代表着明天继续有用，所以企业管理者在为企业定位商业模式的类型时，要秉持不断创新的原则。

正如马云所说："今天阿里巴巴的模式不是我们未来的模式，不跟别人探讨模式，并不意味着我们没有模式，等我们跟你探讨模式的时候，我们这个模式已经成为昨天的事情。"

在这里，马云所倡导的就是商业模式的创新性。正是商业模式的不断推陈出新，造就了阿里巴巴一步一个脚印的发展。

企业商业模式的设计就是围绕着使企业形成核心竞争能力来展开的。具有独特的、拥有核心竞争力的商业模式肯定是一个能使客户实现价值、使企业盈利的商业模式，也一定是能使企业走向成功的商业模式。

能量辐射

1999 年，丁磊将网易的大本营转移到北京，并忙着上市。2000 年 6 月 30 日，丁磊如愿以偿，网易登陆纳斯达克。但此时资本市场形势已经发生了变化，与中华网登陆纳斯达克时的火爆情景截然不同，网易股票上市当天就跌破了发行价。

当时，很多人都在喊互联网的冬天即将来临，很多人认为互联网已到了濒临全线崩盘的前夜，就连曾经疯狂向互联网公司投钱的投资者们也开始不相信单纯地炒作概念会给他们的钱包带进真金白银。纳斯达克的股价在网易上市之前就已经开始全线下跌，网易上市赶在了一个不好的时机。网易在上市之后，为了支持门户的内容建设，公司不但没有赚钱，反而总是在亏钱。

当时门户网站的主要收入是网络广告，但单一的广告收入难以支撑庞大的门户支出。从 2000 年 7 月开始，随着全球互联网泡沫的破灭，纳斯达克指数从高峰时的 5000 点跌到了 1500 点，网易跌入冰冷的谷底，丁磊只能开源节流来维持现金流。在未来的形势变得明朗之前，他要做的最正确的事情是让公司活下来。

就在这急剧的行业变化中，富有远见的丁磊逐渐发现了短信业务。"一毛钱一条短信，成本只要 5 分 5 厘，网易有用户、有邮箱、有免费个人主页，如果我们每个月从一个用户身上赚一块钱的话，我们公司就能盈亏持平。"丁磊回忆说。在短信业务的推动下，网易找到了除广告之外的第二条资金流入渠道。

但是，凭借短信和网络广告，还不足以使丁磊高枕无忧。2000 年，网易已经开始关注网络游戏，丁磊认为能够带给人精神享受的网游一定有潜力无穷的市场，于是在外界一片质疑声中，他抽调了公司最优秀的一批员工加入到开发网络游戏的团队中去，并制订了网游发展计划。2001 年 12 月，网易推出自主开发的大型网络角色扮演游戏"大话西游 Online"。2002 年 8 月，"大话西游 Online II"正式收费启动，网易游戏的用户逐步增加，从最初的 3000 人到了最高规模时的 55 万人。

网游使网易发生了根本性的变化，在别的网站仍旧残喘之时，网易已经实现了盈利。作为第一家盈利的门户网站，网易的股票价格最高值接近 70 美元。随着股票在 2002 年的良好市场表现，网易盈利水平增高，丁磊也成为福布斯 2003 年的中国首富。

别人都看好的东西不一定是好东西，而别人都不看好的东西也不一定是坏东西。聪明的企业总是在别人的不知不觉或者质疑中崛起的。一个企业家在想到一个好的模式的时候，不被人理解也是一件好事。只要值得，即使遭遇了挫折，也要继续坚持。

小就是美

未来几年，我们会专注电子商务的几个重要趋势，第一，小就是美，small is beautiful，这次大会，我们看到小就是美。

几年前我去过一趟日本，一个很小的店，门口挂了一个牌说本店成立已147年。我很好奇，跑进去一看，一个卖糕点的小店，老太太说我们这店开了147年了，就是两夫妻、一个孩子，日本天王也买过我们的糕点，老太太脸上洋溢着特别幸福的笑容。我相信假设是企业，你要想做得好比做得大更为幸福。

中国文化里面讲，宁为鸡头、不做凤尾，中国的文化、东方的文化，做小企业更有味道。未来的企业，小就是美，小和好更关键，更加灵活。

所以为了小而美，阿里基本决定，我们在公司内部做了决定，我们将全面推出双百万战略。何为双百万战略，我们将全力培养100万家年营业额过100万的网店。

有人说我想做10亿，很好，我们支持你，为你鼓掌，但是我们的重头戏是帮助100万家，因为我们相信一个年营业额 100 万的小店，他有可能会请上两个到三个人，这样我们就又多能解决三四个人的就业机会。

但是我们觉得企业做超级大，是一个变态，是不正常，做一般大是一个正常体系。就像人长得比姚明还高，本来就不正常，长我这样的身材，也偏低一点，一般一米七十几正常。

所以，中国的企业，这种规模下是最有味道、最好的，只要你持久长远，小企业也会因此而幸福，因为你好这口，你就会有不断地创新。

——摘自马云 2012 年 9 月第九届网商大会演讲

深入透析

在互联网时代，第三方电子商务平台快速崛起，给千万名草根创业者、小人物提供了走向成功的机会和舞台。在创业过程中，他们迸发出强大的创新能力，体现了"小即是美"的未来方向。

"小而美是未来电子商务的方向，今年的评选让人们看到了草根的创造力。网商已经从 10 年前的一个概念成为今天的一个职业，入围年度十佳的网商都是未来的企业家。"作为本届网商评选终审评委，马云如是说。

为什么说小而美是未来电子商务的方向？北京大学与阿里巴巴集团研究中心联合发布了首份网络卖家图谱《谁在开网店》。报告显示，大量兼职卖家涌入网售大军，占整体网店的近 70%，白领、在校学生、待业青年、家庭主妇、农民甚至退休老人都成了网店店主，农产品、手工艺品、地方特产等纷纷搬上了网。

网商中居住在城镇的超过 90%；男性比例略高，为 54.2%；1981~1994 年出生的超过 80%；他们价值观中庸，关注现世的家庭和睦，不愿意为了赚钱而冒险。此外，店家规模小、开店时间短、在线时间长、总投入少、商品类同、供应商固定、宅、有信心是目前绝大多数电商的特征。

在马云看来，小批量生产、小规模经营、个性化服务是电商的重要趋势。小店家，自有其创造力、生命力、发展力、影响力，小的也是美好的。

能量辐射

巨人集团总裁史玉柱曾创造"一年百万富翁，两年千万富翁，三年亿万富翁"的神话传说，那时的他甚至被人称作中国的比尔·盖茨。1991 年，巨人公司成立，推出 M6402，实现利润 3500 万元。1992 年，史玉柱率 100 多名员工，落户珠海。当时的巨人已经是非常大的企业，年销售额上亿。

这样的软件公司在全国都是少有的，因此珠海政府对巨人非常重视，也给予了很多照顾：高科技企业税全免，破例审批出国……巨人一下子发展了起来，资产规模很快接近 2 亿 ~ 3 亿。手里有钱，精力也多，史玉柱开始不满足于只做巨人汉卡，他开始做巨人电脑。巨人电脑虽然挣钱，但管理不行，坏账一两千万。

巨人电脑还没做扎实，史玉柱又看上了财务软件、酒店管理系统。史玉柱去美国考察，问投资银行未来哪些行业发展速度最快。投资银行说是 IT 和生物工程。史玉柱回国立即上马了生物工程项目。同时，巨人集团涉足的其他行业还有服装和化妆品，摊子一下铺到了六七个事业部。

1993 年，史玉柱成为珠海第二批受到重奖的知识分子，轰动全国。因为当时的人才外流太厉害，为了树立"中国大学生本土创业"的典型，政府先后批给巨人 4 万多平方米的地，希望史玉柱为珠海争光，将巨人大厦建为中国第一高楼。当时全国已经兴起了房地产热，只要是房子就能卖掉，甚至连"楼花"都能卖掉。史玉柱自己也开始有些飘飘然了，巨人大厦从最初预定的 38层窜至 72 层，所需资金 12 亿，但史玉柱能腾出的现金只有1 亿。

令人意外的是，面对如此巨大的资金缺口，巨人大厦从 1994年破土动工到 1996 年搁置为止，从未申请过一分钱的银行贷款。史玉柱将赌注压在了卖楼花上，1993 年，珠海西区别墅在香港卖出十多亿"楼花"。可等到 1994 年史玉柱卖楼花的时候，中国宏观调控已经开始，对卖"楼花"的限制越来越严格，任史玉柱使出浑身解数来宣传，也只卖掉了 1 亿多"楼花"。

1996 年巨人大厦资金告急，史玉柱被迫将保健品方面的全部资金调往巨人大厦，保健品业务因资金"抽血"过量、管理不善等原因，迅速由盛转衰，巨人集团危机四伏。

1997 年初巨人大厦未按期完工，国内购楼花者天天上门要求退款。媒体"地毯式"报道巨人财务危机。得知巨人现金流断裂之后，"巨人3个多亿的应收款收不回，全部烂在了外面"。不久，只建至地面三层的巨人大厦停工，巨人集团名存实亡。

头脑发热、盲目做大是巨人集团垮台的一个重要原因，也是史玉柱心中永远的痛。史玉柱后来在总结教训时说："心情浮躁、好大喜功、好高骛远，这些词用到那时候的我身上，一点不过分。那时候巨人的企业文化是不对的，动不动就提口号，我要做中国第一大。原来是用来激励员工，后来把自己也给骗了。现在我再也不敢定这种目标了，我要做的就是，把任何小的地方都做到最好。现在我面对的最大挑战就是，抵制住进军其他行业的诱惑。我压制不住自己的时候，就写好投资报告，等着自己的团队毙掉。"

以小搏大，注重虾米的世界

　　我有一个想法和要求，希望在座的每个人，不管你以前干什么的，我们正视互联网，欣赏互联网。这个东西真奇怪，我们以前搞死也搞不过它，越来越搞不过它，我们还很弱小，我们到现在为止没有超过 100 亿美金市值的公司，我们能成为世界级的伟大公司吗？人家都搞到 1700 亿了。但是不等于不存在互联网的精神。

　　我为什么去做阿里巴巴？因为互联网的文化是一个生态链，互联网绝对不可能成为几个超级大网站独霸的天下。海洋里面不可能只有几条鲸鱼、鲨鱼，而没有大量的虾米。没有小的东西，鲨鱼、鲸鱼都会死掉的。阿里巴巴必须要有生态链，我们必须为自己将来生存的环境而发展。

　　无数的中小网站、博客、论坛，它们不活下来的话，我们鲨鱼会死掉的。为这些环境做事情的时候，你这个企业会做得更强大。阿里巴巴要感谢中小型网站，没有中小型网站，新浪、网易门户封杀的时候，淘宝就没了，至于赚不赚钱，我们 forget it（不必在意）。

今天阿里巴巴有这个能力做一些围绕着战略做的事
情，战略永远是重要而不紧急的事情，但生态环境是很
重要也很紧急的。

——摘自马云 2007 年 8 月湖畔学院讲话

深入透析

从商业模式来看，马云追求做小生意，不去捕鲸鱼而只抓鱼
虾。他面向的是占企业总数 85% 的中小企业，后来又延伸到淘宝
中的个体，最后是做全球贸易的生态链和产业。

1999 年 2 月，无业游民马云被邀请参加在新加坡举行的亚洲
电子商务大会。参加大会的人 80% 是欧美人，谈的也是欧美式的
电子商务。马云忍不住站了起来，讲了一个小时："亚洲电子商务
步入了一个误区。亚洲是亚洲，美国是美国，现在的电子商务全
是美国模式，亚洲应该有自己独特的模式。"

亚洲自己独特的模式是什么模式马云没有说，这是他要做的
事。和互联网精英不一样，马云从小就没有生活在顶尖的那部分
人当中，他活在平常的普通人当中，所以他决定和目前所有的电
子商务不同，他不做那 15% 大企业的生意，只做 85% 中小企业
的生意，用马云的话说就是"只抓虾米"。很简单，大企业有自
己专门的信息渠道，有巨额广告费，小企业什么都没有，他们才
是最需要互联网的人。

"如果把企业也分成富人穷人，那么互联网就是穷人的世
界。"马云说，"而我就是要领导穷人起来闹革命。"另外，马云

还考虑到，因为亚洲是最大的出口基地，阿里巴巴要以出口为目标。帮助全国中小企业出口是阿里巴巴的方向，他相信中小企业的电子商务更有希望、更好做。

电子商务要为中国中小企业服务，这是阿里巴巴最早的想法。马云把大企业比作鲸鱼，将小企业比作虾米，他注重虾米的世界。

但是，在马云的眼里，小虾米并不小，小虾米集中起来可以形成很强大的力量，实际上，很多大企业都是由很多中小企业支撑起来的。比如波音飞机，造一架波音飞机需要几十万个中小企业给它提供零部件，如果离开了这几十万个中小企业，波音也好，Air Bus 也好，都做不好。

能量辐射

在一次名人访谈节目中，博鳌亚洲论坛秘书长龙永图问了马云一个问题：你（阿里巴巴）现在供应商当中有多少是中小企业？

马云的回答令龙永图有些吃惊："我们现在整个阿里巴巴的企业电子商务有 1800 万家企业支持会员，几乎全是中小企业。当然沃尔玛也好，家乐福也好，海尔也好，甚至 GE 都在我们这儿采购，但是我对这些企业一点兴趣都没有。"

龙永图笑着说："难怪人家说你是狂人，口出狂言。"在场的人们显然都不太相信马云的大话，怎么可能有对大客户不感兴趣的企业呢？

马云不慌不忙地解释道:"我只对我关心的人感兴趣。我只对中小型企业感兴趣,我就盯上中小型企业,顺便淘进来几个大企业。就像你刚才讲,龙(龙永图)先生不购物,不网上购物,我一定不吃惊。但有一样,我坚信一个道理,说有的人喜欢在海里抓鲨鱼、抓鲸鱼,我就抓虾米。我相信是虾米驱动鲨鱼,大企业一定会被中小型企业所驱动。所以我那时候就想,企业在工业时代是凭规模、资本来取胜,而信息时代一定是靠灵活快速的反应。我唯一希望的就是用 IT、用互联网、用电子商务去武装中小型企业,使它们迅速强大起来。"

从这段对话中,我们了解到马云之所以盯紧"小虾米",眼里只有"小虾米",其实是因为他对中国中小企业的了解,以及阿里巴巴自身的成长经验。关于这一点,他讲了一个故事:

2003 年的冬天,马云到沈阳去看市场,顺便见了两个客户。其中一个客户见了马云就拉着他的手说:"我真想把你像佛一样供起来。"马云奇怪地说:"怎么了?"原来,那位客户的生意多亏了阿里巴巴。客户在 2003 年一共有 60 个客户,58 个是从阿里巴巴来的。

马云好奇地问他:"你是做什么生意的?"客户回答说:"我们企业很小,是做标牌生意的。"

马云自小生长在私营中小企业发达的浙江,从最底层的市场一路摸爬滚打过来,他深知中小企业的困境——被大企业压榨、控制。"例如市场上一支钢笔订购价是 15 美元,沃尔玛开出 1000 万美元的订单,供应商不得不做。但如果第二年沃尔玛取消订单,这个供应商就完了。而通过互联网,像上面故事中的小供应商就可以在全球范围内寻找客户。"

　　马云要做的事就是提供这样一个平台，将全球中小企业的进出口信息汇集起来。小企业好比沙滩上一颗颗石子，但通过互联网可以把一颗颗石子全粘起来，用混凝土粘起来的石子们威力无穷，可以与大石头抗衡。而互联网经济的特色正是以小搏大、以快打慢，马云要做的就是数不清的中小企业的解救者。

第七章
在不断的竞争中成长

商场不是战场，商场上是对手不是敌人。商场上没有永久的对手，也没有永久的朋友。

把竞争当作给予，把对手视为福分

我们的对手是世界一流的对手，以谷歌公司的市值，它拔一根毛出来不知道多少公司会被打下来。我们中午在开会，英文站点技术人员才 18 个人，18 个人在扛着谷歌这样的对手。

我们要求公司各个部门给英文站点提供强有力的支持，因为 65% 营业额来自 B2B，是这 18 个工程师在扛着。我们处在危机当中，必须在两三个月以内彻底扭转这个局面。阿里软件、淘宝、支付宝、雅虎中国，我们要抽调优秀的工程师到这个团队里面，特别是阿里软件，有多少工程师，举手给我看看？今天 B2B 老大第一个站到拳击台上，对不对？这是真正世界性的拳击台，马上要上去。

我们要配置好优秀的人才，要配置好优秀的肌肉，拳击套、牙套要戴好。阿里软件，抽你们的人，别说不。我们今天需要志愿兵一样跨过去，淘宝、支付宝、雅虎，全部要有这样的心态。我们今天全力以赴派第一批志愿军进入到 B2B，为我们的国际网站。

明枪暗箭越来越多，QQ 的实力大家都知道，百度的实力你们也知道，谷歌的实力也知道。阿里巴巴是强大，但我们对手也是世界一流、中国一流。QQ 应该讲是世界一流吧，IM（即时通讯）谁玩得过它。谷歌是世界一流，百度股票涨到 200 多美金。告诉大家，碰上优秀的对手，首先你很幸运。淘宝很有运气，阿里集团很有运气，我们今天碰到的对手是世界一流的对手，我们要学习他们、超越他们。

我想告诉大家，我们的模式并不比他们差。我认为电子商务和互联网最强大的两大模式，第一个是门户，第二个是搜索引擎。到目前为止，真正 Web2.0 商业模式运用最好的，不是靠广告，而是靠交易赚钱，就是 eBay和淘宝。

——摘自马云 2007 年与"五年陈"员工的交流讲话

深入透析

竞争就要选择优秀的竞争对手，不要选择地痞流氓，马云说，如果最后你把这个优秀的对手打成了地痞流氓，那你就赢了。发现对手的时候，一定要以开放的胸怀、眼光分析对手的独特竞争力是什么，核心理念是什么。实际上，天下没有对手能够杀得了你，只有你自己杀自己。

阿里巴巴今天的成熟，与其当年与 eBay 及其他对手的较量不无关系。淘宝与世界级巨头 eBay 相比，是后起之秀，与 eBay

差距甚大。2003 年 5 月淘宝成功上线，7 月份阿里巴巴宣布拿 1 亿元人民币投资淘宝，11 月推出网上实时通信软件贸易通（现在的阿里旺旺）。当时淘宝在 C2C 市场的主要竞争对手为 eBay 易趣，2003 年 eBay 易趣在 C2C 市场份额高达 90% 左右，并与中国主流门户签订排他性的广告协议。但这并未阻止淘宝的发展，凭借"免费模式"的推出，以及对于用户体验的关注及提升，淘宝网迅速聚拢人气。

2005 年 10 月，阿里巴巴宣布再向淘宝网投资 10 亿元人民币，淘宝网继续免费 3 年。从市场份额来看（据易观国际数字）：2005 年底淘宝 C2C 市场份额 57.74%，eBay 易趣 31.46%，拍拍网 3.76%；2008 年底淘宝 C2C 市场份额 86%，拍拍网 7.2%，eBay 易趣 6.6%。

马云对阿里巴巴的对手所持的态度是：尊重、欣赏、学习！他认为竞争是件好事，因为市场上的竞争者越多，就说明市场越大，机会也越多。马云将竞争对手当成"竞争队友"而加以感谢，因为在竞争中，自己可以从对手身上学到其长处以补己之短，使自己保持活力不断向前。

能量辐射

关于竞争，有一个著名的"鲇鱼效应"：很久以前，挪威人从深海捕捞的沙丁鱼，总是还没到岸就已经死了，渔民们想了无数的办法，想让沙丁鱼活着上岸，但都失败了。然而，有一条渔船总能带着活鱼上岸，他们带来的活鱼自然比死鱼的价格贵好几倍。这是为什么呢？这条船又有什么秘密呢？原来，他们在沙丁鱼槽里放进了鲇鱼，而鲇鱼是沙丁鱼的天敌，当鱼槽里同时放有沙丁鱼和鲇鱼时，鲇鱼出于天性会不断地追逐沙丁鱼。在鲇鱼的追逐下，沙丁鱼拼命游动，激发出自身的活力，从而能够活下来。

"鲇鱼效应"的道理非常简单，就是通过竞争来激发自身的活力，从而取得不断向前的动力，这也证明了，遇到优秀的对手，是很幸运的事。许多人都把对手视为心腹大患，是异己、眼中钉、肉中刺，恨不得马上除之而后快。

其实，能有一个强劲的对手，反而是一种福分，因为一个强劲的对手会让你时刻都有危机感，会激发你更加旺盛的精神和斗志。敌人的力量会让一个人发挥出巨大的潜能，创造出惊人的成绩，尤其是当敌人强大到足以威胁你的生命时。敌人就在你的身后，只要你一刻不努力，生命就会有万分的惊险和危难。

不论什么方式的竞争，也不论竞争对手是谁，竞争的具体内容怎样，总之，竞争都是为了使自己在感觉和利益上压倒对方、超越对方。在这种压倒和超越使心理上得到满足，生命才会变得更有意义。

正如马云所说，与优秀的对手竞争是一种乐趣。如果有一天你发现竞争是一种痛苦，就一定是你的策略出了问题。在竞争中要多用一点智慧，多用一点脑子。把竞争当作给予，当作乐趣，当作游戏，才是竞争的大境界。

心中无敌，则无敌天下

阿里巴巴几乎每天都要面对各种各样的挑战和变化，我以前总是强迫自己去笑着面对并立刻准备调整适应。而今天，我们不仅会乐观应对一切变化，而且还懂得了在事情变坏之前自己制造变化。

拿最近的热门话题雅虎和 eBay 在美国的合作来说，正是因为看到了未来全球互联网的竞争格局和如何让用户和企业的利益最大化，我本人也积极地参与和推进了这次的合作。

商场不是战场，商场上是对手不是敌人。商场上没有永久的对手，也没有永久的朋友。走向竞争合作的产业才会走向成熟，只有一个成熟的产业才能诞生一批成熟的企业。

阿里巴巴有责任推进这样的进程，决不像外面的专家们说的那样，我们目前处于被动局面！我希望在未来的中国互联网发展中，我们也能参与到这样的竞争和合作中去。

我上次和大家在交流中说过，人要成功一定要有永

不放弃的精神，人生最大的失败就是放弃，绝大多数人
却就是在变化中放弃的，其实非常可惜和遗憾。

——摘自马云《拥抱变化》

深入透析

关于竞争，马云在接受采访时曾说："商场如战场，但商场不
是战场。战场上只有你死我才能活，商场上只需不断地学习。很
多企业一上手就是'杀人'，杀这个，杀那个，到最后变成一个
职业杀手。天天忙着杀人，他成不了世界一流高手。一流高手眼
睛里面是没有对手的。心中有敌，天下皆为你的敌人，心中无
敌，则无敌于天下。"

实际上，竞争并不排斥合作，竞争对手之间同样可以在不损
害各自竞争优势的前提下，结成战略联盟。通过合作，双方不仅
可以共同分担产品开发的成本与风险，获取规模经济效益，还能
共享资源与人才。如此一来它们就可以更快地向市场推出更具竞
争力的产品或与更大的竞争对手抗争。

2013 年 5 月，对于加多宝王老吉商战，马云评价："斗必输，
和必赢。"他认为：

1. 一定要争得你死我活的商战是最愚蠢的。2. 眼睛中全是敌
人，外面就全是敌人。3. 竞争的时候不要带仇恨，带仇恨一定失
败。4. 竞争乐趣就像下棋一样，你输了，我们再来过，两个棋手
不能打架。5. 真正做企业是没有仇人的，心中无敌，天下无敌。
致——加多宝、王老吉！

马云向来不害怕竞争并且喜欢挑战强者，但并不表示他不会与对手合作。在淘宝网与 eBay 针对中国市场的竞争激战正酣时，传来了雅虎和 eBay 双方建立为期数年的战略合作伙伴关系的消息。很多人认为淘宝网将会在与 eBay 的竞争中由于雅虎的介入而受影响，但是马云针对这个情况做出了这样的表示：两者的合作不会影响到淘宝的发展。雅虎在阿里巴巴不过是个投资者，决策还是由阿里巴巴来做，而雅虎中国已经是一个独立的法人实体，美国雅虎的合作不会影响到中国的业务。

更令人意想不到的是马云参与促成了雅虎与 eBay 的合作，马云在双方的合作中扮演了牵线搭桥的角色。对此马云有自己的看法：在竞争中有合作是未来互联网市场的发展趋势。他说："我希望能够在美国出现这样的先例后，中国市场也能够随即引进这种状态。未来不排除阿里巴巴与竞争对手的合作，淘宝与易趣，淘宝与百度，淘宝与谷歌，都存在这种可能性。"

有时候无谓甚至恶意的竞争，只能得到两败俱伤的结果，不把商场当作战场，就是学会良性竞争、合理合作，从而创造双赢的局面。马云在竞争中一直坚持合理竞争、文明竞争的底线。

能量辐射

商家历来视商场为战场，因而崇拜《孙子兵法》。商场竞争与《孙子兵法》诞生时代的诸侯混战，具有惊人的共同性。商场竞争与"春秋无义战"一样"弱肉强食"，竞争对手之间不是争夺市场份额，而是争夺"生死""存亡"。一些企业的兴盛，必然伴随着另一些企业的破产，这种迫切的危机感，会敦促我们从新的角度重新思考竞争。

企业之间的竞争是斗智。企业的竞争行为对外是争夺有利条件，对内是采用分散和集中的方法调度资源。但商场并不完全等同于战场。词典解释"战场"是两军交战的地方，是敌我双方对峙的地方。商场则是聚集在一个或相连的几个建筑物内的各种商店工厂组成的市场，或是面积较大、商品比较齐全的超级大市场。

战场上对手是敌人，目的是扼制对方战斗力以获取胜利，战争的原则是最大限度地消灭对方，最好地保护自己；其结果是你死我活。而商场的对象是客户、朋友，其目的是通过交换，获取利润、财物、服务等，原则是必须遵守法律、道德、诚信和惯例；结果可以是亏、赢或双赢、多赢。

无论是战争、战役还是战斗，所围绕的都是一个目标——为了维护或获取己方的利益，在双方交谈不成的情况下发动战争。例如，德国、日本为自身利益掀起二战。而商场则不同，商场上的双方，无论利益大小多寡，都是在对双方都有利的情况下才能得以进行的，双方利益平等共享，即使此次买卖做不成，双方也会着眼于长远合作而不伤和气，正如俗语所云"买卖不成仁义在"，这也是千百年来中国商人所遵循的一贯原则。

这样看来，由于目标、原则、手段的根本差异以及所形成的场域不同，战场与商场之间有着本质的区别。商场上虽有优胜劣汰，但绝不是战场上那般你死我活。

把对手想得更强大一点

　　骄兵必败，商场上也一样，商场上很多东西看起来要赢，结果都输掉了，因为你不够重视。我们做企业的，每天都是如履薄冰，每一天，对每一个项目、对每一个过程都非常仔细认真。

　　要永远把对手想得非常强大，哪怕他非常弱小，你也要把他想得非常强大，这是商界犯错误时经常会说的。

　　面对新的强大对手，很多人常犯的几个错误是看不见、看不起、看不懂、跟不上。首先对手在哪儿都找不到，第二我根本看不起这些人，第三我看不懂他们怎么起来的，最后是根本跟不上别人。

　　我觉得你们这个团队刚好犯了这些错误，你们觉得对手不如你们，你们觉得你们对市场很了解，对客户很了解。但事实上，你们讲得很对，但输在轻敌上面，今后我觉得大家一定要注意。

　　所以5号队友我想对你讲，我关注到，你比较以自我为中心，你作为领导者应该以别人为中心，以客户为中心，不能说我做的都是对的，别人可能都是错的。1号当时牛总讲得非常好，你有没有想过为什么团队很多人都没有把你当作一回事情？

——摘自马云《赢在中国》点评

深入透析

骄兵必败，任何时候，都不要轻视自己的竞争对手。对手很强大，一着不慎，满盘皆输，永远要把对手想得强大一点，并针对他们的强大相应地制定和调整竞争策略。

竞争对手是企业的重要参照物，他的存在证明企业存在的价值。在竞争对手身上你能看到自己的影子。重视竞争对手就是重视自己，尊重竞争对手也是尊重自己的表现。

这也告诉我们任何时候都不要掉以轻心，要尊重对手、重视对手，这样才能制定出有效的措施，在竞争中获得主动权。

马云之所以能率领淘宝网击败行业老大 eBay，一个很重要的原因就在于他对竞争对手的重视，他知道 eBay 很强大，但也清醒地认识到淘宝的优势所在。他有一个很形象的比喻："eBay 是大海里的鲨鱼，淘宝则是长江里的鳄鱼，鳄鱼在大海里与鲨鱼搏斗，结果可想而知，我们要把鲨鱼引到长江里来。""和海里的鲨鱼打，进了大海我们一定会死，但是在长江里打我们不一定会输。"

面对强大的竞争对手，马云在内心就高度重视 eBay 并开始了解 eBay，他关注 eBay 的一举一动："eBay 公司所有的高层资料我们都会详细分析，他们在世界各地的各种打法，他们擅长的各种管理手段和应招特点，我们都会仔细研究。"马云说："我们与竞争对手最大的区别就是我们知道他们要做什么，而他们不知道我们想做什么。"

eBay 是上市公司而阿里巴巴不是，惠特曼（eBay 前首席执行官）对淘宝的了解尚不及马云对 eBay 的了解。正是基于对 eBay 的高度重视和知己知彼的战术，马云才能在淘宝与 eBay 的竞争中游刃有余地指挥操控，并自信满满地将其击败。而 eBay 则由于不重视阿里巴巴，把对手看得太弱小，以至于被阿里巴巴抢占了中国大部分的市场。

能量辐射

华为总裁任正非曾对员工说："华为选择了通信行业，就是选择了一条不归路。1998 年华为公司的产值将近 100 亿元，但也仅相当于朗讯公司的 1/25、IBM 的 1/65。在电子信息产业中，要么成为领先者，要么被淘汰，没有第三条路。我们的竞争对手太强大了，我们要在夹缝中求生存，就要掌握核心竞争力，慢慢壮大自己。"

华为成立于 1987 年，1998 年正是艰难发展的时期也是火热发展的时期，而当时的朗讯公司、IBM 是其强大的竞争对手。面对两竞争对手，华为从未退缩，而是勇往直前，永远把对手想得更强大，不断充电，进而才有赢得胜利的把握。

到 2004 年，华为已拥有自主知识产权的全套 GSM 产品、WCDMA 产品和 CDMA2000 产品，成功为国内外 80 多个运营商提供移动通信解决方案和产品，服务于全球 2000 多万用户，成为业界主要移动通信设备供应商。而在 3G 领域，华为目前已经申请了 800 多项专利，中国香港的 WCDMA3G 网络、阿联酋电信的全网 WCDMA 网络都由华为完成。

现如今，正在向创新型公司稳步迈进，这与华为的竞争意识有很大关系。永远要把对手想得更强大一点，关注对手，看重对手，并让自己变得更强大。在实际管理中，把困难和"对手"想得强大些，有时也是走出危机的必备素质。

第八章
信用：企业生存的基石

诚信，是提升公司核心竞争力的前提，兑现对顾客的每一个承诺，无形中便会形成最终的品牌效应。

树立自己的诚信品牌

是什么东西让我们有了今天？是什么让马云有了今天？我是没有理由成功的，阿里没有理由成功，淘宝更没有理由成功，但是我们居然走了这么多年，依然对未来充满理想。其原因，我想是一种信任。

当所有人不相信这个世界，所有人不相信未来的时候，我们选择了相信，我们选择了信任，我们选择相信十年以后的中国会更好，我相信我的同事会做得比我更好，我相信中国的年轻人会做得比我们更好。

二十年以前也好，十年以前也好，我从没想过，我连自己都不一定相信自己，我特别感谢我的同事信任我。当CEO很难，但是当CEO员工更难。但现在，居然你会从一个你都没听见过的、名字叫"闻香识女人"的人这里，付钱给她，买一个你从来没有见过的东西，经过上千上百公里，通过一个你不认识的人到了你手上。

今天的中国拥有信任，拥有相信，每天2400万笔淘宝的交易，意味着在中国有2400万个信任在流转着。所有的阿里人，淘宝、小微金服的人，我特别为大家骄傲，今生跟大家做同事，下辈子我们还是同事。

因为你们，让这个时代看到了希望，在座你们就像中国所有 80 后、90 后那样，你们在建立着新的信任，这种信任就让世界更开放、更透明，更懂得分享、更承担责任，我为你们感到骄傲。

——摘自马云 2013 年 5 月辞去阿里巴巴 CEO 的演讲

深入透析

马云是一个重视信任、坚守承诺的人，他曾经为了一个承诺在大学教书六年。那六年中，很多人跳槽了，有下海经商的，也有出国的，而面对深圳、海南等地几千元月薪的诱惑，马云从未动摇过。虽然他一开始并不喜欢教师这个职业，觉得这不应该是男人从事的工作，也想过是否有什么办法以后不用再当教师。可是，在这六年教师生涯中，马云对待工作没有半点马虎，不仅被评为全校"十佳"之一，还被提前升为讲师。这是马云的诚信。

诚信是阿里巴巴的"天条"，这其中也包括尊重他人的知识产权。对于在阿里巴巴出售盗版光碟、假冒名牌等产品的会员，马云表示，公司会以更严厉的手段制裁他们。马云相信，只有诚信的人才能成功。

在阿里巴巴集团走过的十多年里，因为信用，因为诚信，马云才先后成功打造了中国最大的 B2B 平台阿里巴巴、C2C 平台淘宝和 B2C 平台，让网上购物成为人们生活的一部分。现在，"信用"已渐渐成为一种财富，所有这一切都是建立在诚信基础之上的。

在 2013 年 5 月 10 日，马云卸任阿里巴巴 CEO 的演讲中，他深深感慨阿里巴巴的成功在于信任。这一点很容易理解，信任原本就是今天的阿里巴巴繁荣的基石，甚至可以说是中国电子商务走到今天最重要的原因之一。

马云曾说，假如阿里巴巴有一天由于经营失败或天灾人祸倒下，只要他有客户、股东和员工的信任，他随时可以拿到钱，从头再来。上千万的中小创业者和企业家们也依然会使用他的网站，这就是信任的力量。对于马云和阿里巴巴而言，信任自己一手打造的团队并不难，难的是怎么赢得客户和合作者的信任。这是马云在卸任前最为重视和担忧的。

在 2013 年 4 月一次关于知识产权的发布会上，也是马云卸任前最后一场发布会，主题是"网络打假"，马云强调离职前不做好这件事后果是难以想象的，他要求对"网络打假"资金投入要上不封顶、不遗余力。由此，我们可以看出马云及阿里巴巴集团是将赢得用户的信任放在极端重要的位置的。

马云卸任前，淘宝网上每天有多达 2400 万笔的交易，这意味着每天有 2400 万个信任在流转、传递着。马云卸任后，这种信任交到了陆兆禧手中，陆兆禧表示新的团队要做的同样是传承好这种信任精神，努力打造出一个充满更多信任、更为完善的电子商务良性生态系统。

能量辐射

信任的力量对阿里巴巴和中国的电子商务适用，对任何一家企业也同样适用。在未来的商业社会里，将没有大企业和小企业的区别，没有外资和内资的区别，没有国企和民企的区别，只有诚信和不诚信的区别，只有开放和不开放的区别，只有承担责任和不承担责任的区别。

戴尔公司的一个售后服务工程师受公司的派遣，要以最快的速度赶到某顾客住处，为顾客提供上门服务。这名工程师接到通知后即以最快的速度驱车赶往目的地。

由于戴尔公司历来有当日上门服务的品牌服务承诺，这位工程师必须在日落前赶到顾客所在地，他便再次提高了车速。

这时，一个路人突然横穿马路，工程师来不及采取制动措施，一下子将路人撞倒在地。工程师下车察看，发现路人的腿已经被撞断了，工程师想马上送他去医院，但是明显时间来不及了，那肯定会耽误为顾客服务的时间，会影响戴尔公司的卓越信誉。

工程师略加思考后，随即将路人暂时移到路旁，确认其暂无危险，然后打电话报了警，并将自己的姓名以及车牌号码告诉警察，声称自己会在最快时间里赶到警局接受处理。

然后，工程师继续向顾客处赶去，直到完成任务才赶回警局支付了伤者的医疗费，接受了相关的罚款处理。这名工程师事后被戴尔公司授予最佳员工称号，并给予了现金奖励，据说远远超过他支付的伤者医疗费和罚款的费用。

而事件一经宣传后，戴尔公司的商业信誉在公众当中立即被拔高到一个新的高度，其销量也立即呈现上升势头。人们无不为戴尔公司有如此优秀的员工而称赞，为戴尔公司员工坚持维护戴尔公司品牌信誉，为顾客兑现品牌诚信的精神所折服。

戴尔用诚信开路，树立了自己的诚信品牌，通过诚信达到关系营销的效果，通过关系营销达到销售产品的最终目标。诚信，是提升公司核心竞争力的前提，兑现对顾客的每一个承诺，无形中便会形成最终的品牌效应，达到少投资多收益的效果，须知，赢得顾客的心就赢得了市场。

将恪守信用纳入我们的生存理念

淘宝商城修改规则，导致了很多人来闹事，他们不是毫无道理，我仔细倾听了很多，我觉得我们要反思。我们准备怎么进行改变？第一，阿里巴巴集团、淘宝商城，我们不会违背原则，我们决不会因为压力而退半步。什么是我们的原则？维护电子商务的诚信，打击假货，保护知识产权，我们决不会退后半步。

但是我们对自己工作上面的不足、方式方法，要进行全面的反思、总结。有人说是妥协，原则我们决不妥协，我们不可能妥协。因为今天淘宝不跨过诚信这个挑战，不跨过品质的挑战，那么未来三年五年都会出问题。

我不是一个轻易放弃的人，我蛮相信，只要没搞死我，我会越战越强。今天我不是马云，马云只是代表这一代的人，新的企业家、新的创业的人，我们倡导的一种新的精神。

我的难过在于假如我们丢失了对社会的信任，丢失了我们理想主义的色彩，像我这样的人丢失的话，阿里巴巴很多年轻人会丢失，这个社会会丢失。

这是一个最好的时代，这也是最坏的时代，这是一个信仰时代，也是怀疑的时代，这是狄更斯讲的，智慧的时代，也是愚昧的时代，是希望的时代，也是一个绝望的时代。所以我相信阿里人、淘宝人，坚守。从第一天起，我们今天那么努力，就是为了这个希望而存在。

当年淘宝成立三个月、四个月之后，金庸到淘宝来，写了一句话，现在还贴在淘宝的办公室里面，"宁可淘不到宝，也不能丢诚信"。

我是一个理想主义色彩很重的人，我不适合做商务，我还是站在老师的角度在做的。我相信人性是向善的。其实我最难过的是，我一直认为坚守人性，是善的东西变成了恶，到今天我还是坚信人性是向善的，我还是坚信，诚信是有价值的，是可以变成钱的。

——摘自马云 2012 年 3 月关于诚信问题的讲话

深入透析

电子商务进行到一定阶段，就会遇到一个门槛，那就是社会诚信体系。电子商务是在虚拟的网络平台中进行的，如果没有诚信，最后就做不成生意。在马云的眼里，互联网商务世界与现实的商务世界是一样的，唯一不同的只有工具，无论在网上还是网下，商务交易都必须可信。

诚信是中国优秀的传统品德，是中国商人最崇尚的道德信条，也是他们得以发迹和发展的基础。但这种大智慧不是靠说出来的，而是需要实实在在的言出必行来支撑，它体现在点点滴滴的细节里，必须依靠着实际的行动才能体现。

马云认为做企业就是要坚守诚信，并实实在在做好它。他曾说："诚信绝对不是一种销售，更不是一种高深空洞的理念，它是实实在在的言出必行、点点滴滴的细节。"因为企业诚信的建立是一个漫长的过程，诚信建立起来后需要进行维护，并建立相应的企业制度予以保障和控制。

有些人习惯性地把诚信挂在嘴边上，在销售时总是轻易向买家保证，而真的出了问题，又矢口否认，找各种理由搪塞。马云认为诚信绝不是一种销售，一定要说得出、做得到。

在阿里巴巴"六脉神剑"中，诚信这条包括诚实正直、言出必行，具体内容为：诚实正直、言行一致，不受利益和压力的影响；通过正确的渠道和流程，准确表达自己的观点；表达批评意见的同时能提出相应建议，直言有讳；不传播未经证实的消息，不背后不负责任地议论事和人，并能正面引导；勇于承认错误，敢于承担责任；客观反映问题，对损害公司利益的不诚信行为严厉制止；能持续一贯地执行以上标准。

很多企业在成长过程中都受过骗，也有一些企业自己被骗后受到"启发"，接着想办法骗别人。马云也曾被骗，可是这几次受骗的经历反而更坚定了他的信念。因为他相信，骗别人的人一定有一天会倒霉。

任何一个行业或企业都要讲信用，不讲信用，就不能开展商业活动。不讲信用的企业无法在全球商务领域中立足并参与竞争，从而将错过无数商机。"商业社会是很复杂的社会，因为诚信说起来简单，但是我们可能不知道怎么做，就是一点点往前做，越简单的事情越需要讲诚信。"只有树立良好的诚信观才能在竞争中取得胜利。

能量辐射

有一句古老的谚语："诚信是最好的策略。"它的真理已为日常生活经验所证实。诚实和正直对于商业和其他任何行业的成功来说都是必不可少的。

"棕色浆果烤炉"公司是美国一家知名的面包公司，公司的经营原则很简单，只有四个字：诚实无欺。公司标榜凡出卖的面包都是最新鲜的，硬性规定绝不卖超过三天的面包，已过期的面包由公司回收。

有一年秋天，公司所在州的部分地区发大水，导致那里的面包畅销，但公司照样按规定把超过三天的面包收回来。哪知车行至半路，抢购的人一拥而上，把车子团团围住，一定要买过期面包。但押车的运货员怎么也不肯卖，他哭丧着脸解释："不是我不卖，实在是老板规定得太严了。如果有人明知面包过期还卖给顾客，一律开除。"大家以为运货员耍花招，就跟他激烈地争吵起来。

最后，一位在场的记者向运货员恳求："现在是非常时期，总不能让人们看着满车的面包忍饥挨饿吧！"运货员听之有理，凑到记者耳边悄悄地说："我是说什么也不卖的，但如果你们强买，我就没有责任了。你们把面包拿走，随便丢下几个钱，反正公司是不会可惜一车过期面包的。"这么一说，一车面包很快被强行买光了。

这个故事后来经新闻记者在报上大肆渲染，"烤炉"面包给消费者留下了深刻的印象，顿时，公司声誉鹊起。"烤炉"公司以其诚信为自己赢得了市场。

一个真正的商人应该以自己工作的完整和牢靠为荣耀，一个精神高尚的商人应该以诚实履行合同的每一项条款而自豪。一位英国绅士说："凭借欺诈、奇迹和暴力，我们可以获得一时的成功，但是，只有凭借诚信，我们才能获得永久的成功。"

不管是一个企业，还是一个人，如果言而无信，说话不算数，人们都不会与他打交道。市场经济从某种程度上说，就是诚信经济，离开了诚信，市场经济根本就无法运行。在竞争日益激烈的今天，诚信已成为每个人立足社会不可或缺的"无形资本"，恪守信用乃是每个人应当具备的生存理念之一。

第九章
服务客户，做基业长青的企业

免费只是个手段，你必须创造出比收费更好的服务，比收费网站创造出更高的价值你才有机会赢。

把赚钱当成结果，而不是"目的"

杨澜：一开始当你决定要辞去一份收入虽然不高但是很稳定的大学老师的工作，开始创办中国黄页时，你觉得这是一个什么样的想法？我仍然不能够完全接受你所说的只是为了多一点社会实践。

马云：很多人不能接受，但是我事实上是这样。怎么说？我是20世纪60年代末出生的人，理想主义者，在学校里教书，天天给学生讲这些东西，我觉得我还是很单纯、幼稚。尤其到现在，我越来越明确一点：人生是一个过程，它不是一个目的，所以你经历过多少，犯过多少的错误，这才是最宝贵的。

杨澜：但是这让你听起来像个圣人。你真是这样想的？你真不是为钱？

马云：我马云比其他大部分CEO要坚强的是，我不为钱干，永远不把赚钱作为公司的第一目标。你说到这个就要做到。最后你反过来看自己赚了很多钱，这是个结果，它不是我追求的目标。

因为我自己坚信，如果一个人脑子里就想赚钱的话，

他脑子里想的是钱，眼睛里是人民币、港币，讲话全是
美元，没人愿意跟你这样的人做生意的。
　　　　　　——摘自马云接受著名主持人杨澜的采访

深入透析

　　马云在演讲中曾说："创业永远要挑选最容易做、最快乐的事
情，创业不是为了赚钱，而应是你喜欢它，你喜欢这个工作，你
喜欢做这件事情，那是最大的激情，最大的动力所在。如果你为
了挣钱，永远有比你想的更挣钱的东西。你选择是因为你喜欢，
你喜欢你就不要抱怨。"

　　在马云看来，创业不应该以赚钱为目的，如果那样，很可能
赚不到，而且也不开心，甚至陷于抱怨。赚钱只是一种结果，它
永远不应该成为一个目的。

　　在阿里巴巴上市之后，很多人都说阿里巴巴创造了很多的
"富翁"，这些富翁当然是指阿里巴巴的员工。马云却有不同的看
法，他觉得阿里巴巴要让客户成为富翁，他更希望自己的客户
赚钱。

　　马云的这段话就足以说明问题："我可以很高兴地告诉大家，
阿里巴巴一定会培养出无数的千万富翁出来。但是阿里巴巴要把
自己的员工变成百万富翁、千万富翁，首先第一个是要有更多的
客户因为用了阿里巴巴成为百万富翁，这是最关键的。阿里巴巴
的使命是帮助中小型企业，它们的生意做得越来越好，其结果是
我们公司也挣钱。"

很多人好奇阿里巴巴为什么会受欢迎，马云告诉他们："阿里巴巴是商人们用来赚钱的工具，因为大家依靠阿里巴巴赚到了钱，所以受欢迎是再正常不过的事情。""帮客户赚钱"才是马云心中阿里巴巴的真实价值所在，阿里巴巴也因此成为"一等一"的产业。

能量辐射

在中国快递行业，顺丰速运近年来无疑让人瞩目，成为快递行业"巨头"。这样一个能够叫板 EMS 的民营企业，其掌管百亿快递王国的顺丰董事长王卫却这样说："做企业的目的不是为了赚钱，我是想做成一个平台，通过这个平台我可以实现我的价值和理想。"

1993 年 3 月，作为第一代"水客"，背着装满合同、信函、样品和报关资料的大包往返于香港和顺德之间几年后，22 岁的王卫在顺德创立了顺丰速运。当时，这家公司算上王卫本人也只有 6 个人。

经过 18 年的发展，截至 2010 年，顺丰的销售额已超过 100亿人民币，年平均增长率 40%，员工 11 万多人。据权威数据显示，2010 年，在广东市场，顺丰已经超越 EMS，成为快递行业的龙头老大；在全国市场，顺丰的市场份额也飙升至 19%，是最大民营快递企业，离第一名的 EMS 仅有一步之遥。

然而，在谈到上市的问题时，王卫说："上市的好处无非是圈钱，获得发展企业所需的资金。顺丰也缺钱，但是顺丰不能为了钱而上市。上市后，企业就变成一个赚钱的机器，每天股价的变动都牵动着企业的神经，对企业管理层的管理是不利的。

"做企业应该踏踏实实，真正想做好企业，要做基业长青的企业，就要有远大的远景，要为未来进行大胆的投入、大量的投入。然而，成为上市公司后，每一笔投入，都要向股民交代，说服他们这笔投入是有利可图的，是可以在短期内获得利润的，要有业绩出来。这个我恐怕做不到，我真的没有办法保证对未来的战略性投入可以有立竿见影的效果，更不能保证我不会失败，这也违背了我做企业的精神。"

在王卫看来，做企业，是想让企业长期地发展，让一批人得到有尊严的生活。上市后环境不一样了，需要为股民负责，保证股票不断上涨，利润将成为企业存在的唯一目的。这样，企业将变得很浮躁，和当今社会一样浮躁。

正是因为不将赚钱、上市作为企业的第一目标，顺丰才能成为一家备受认可的快递企业。尽管目前快递行业面临大整合，小型快递企业纷纷关门或者被并购，大型快递企业最终将彻底垄断市场份额的90%以上，最后幸存的快递企业只会有10家左右。

然而这并不影响顺丰做一家好企业、做一家基业长青的企业。而且顺丰可能正像一些人预测的，一定会成为中国的"联邦快递"（FedEx）。10年之内它也许会买100架飞机，全国八成以上的机场周围将来都会有顺丰的库房。光这两样，已经没有第二家能跟它比了。

即使是免费的，也要提供最好的

主持人：就像开饭店一样，我们能够想象，当一个跨国巨头刚刚花了几千万美元买下易趣，以一种近乎垄断的姿态占领了一个不错的市口，正准备大赚特赚时，忽然一个无名小卒拍马杀到，在马路对面开了家小店，向来来往往的人们招呼"来！来！来！本店吃饭，一律免费"，这个巨头会是怎样地火冒三丈？不知道这个比喻是不是准确？

马云：我们家不收钱，而且我们家的菜比他家好。如果你的菜不好，免费我也不吃，吃了拉肚子怎么办？

大家吃了以后就会说，我觉得你不是免费的。一拍网当年也是免费的，雅虎和新浪合作也是免费的，现在QQ弄了个拍拍网也是免费的，免费的网站多得很。现在全中国真正收费的只有几个网站，大部分全是免费的。

免费只是个手段，你必须创造出比收费更好的服务，比收费网站创造出更高的价值你才有机会赢。别人看到淘宝网赢了，以为是因为免费，于是都免费。雅虎和新浪合资的一拍网钱比我们多，品牌比我们好，访问量比

我们大，也同样免费，又怎么样？eBay 这两天开始免费
了，又怎么样？

　　　　　　　　　——摘自马云接受《财富人生》节目访谈

深入透析

　　2003 年，阿里巴巴内部网站上出现了一个帖子。这个帖子提
醒阿里巴巴的员工，要注意一个制作思路与阿里巴巴极为相似的
网站正在迅速聚拢人气，它的名字叫淘宝。这个帖子迅速引起了
阿里巴巴员工的注意。

　　随后，网上的议论越来越多。没多久，有人把网上的议论搬
到了网下，当时还有员工对阿里巴巴高层在此事上的麻木不仁、
反应迟钝感到愤怒。有人公开问领导：为什么对这样一个网站不
闻不问？马云描述当时的情况，说自己只是"笑而不答"。

　　首先看出端倪的是公司的老员工，因为这个淘宝网站所有服
务人员的网名，用的都是金庸武侠小说里的名字。众所周知，马
云是个"金庸迷"，于是有人开始猜测淘宝就是阿里巴巴的网站。

　　这个故事差不多已经成为阿里巴巴发展史上的一个经典段
子，故事的开头颇多悬疑：2003 年，刚过完农历新年，10 名阿里
巴巴的员工被一一叫到马云的办公室。马云跟他们说的是同样一
件事，说公司有一项秘密任务需要他们去完成，不管愿意与否，
员工都必须承诺保密。签订协议后，必须单独与一个团队工作一
阵子，这件事谁都不能告诉，包括家人和朋友。

　　此前一直宣称将专心致志并确实一直专注于 B2B 领域的阿里

巴巴，为什么此时个时候要建一个免费的 C2C 淘宝网呢？

原来，随着阿里巴巴迅速发展，马云并没有满足于只在 B2B 领域傲视群雄，他将目光投向了用户基数庞大且同为电子商务的 C2C 领域。从 2002 年开始，马云就一直关注着 C2C 王者 eBay。

成立于 1995 年 9 月的电子商务网站 eBay，在问世不到 7 年的时间里高速发展，取得了傲人的业绩。拥有来自世界各个角落的 4200 万注册用户，2001 年 eBay 全球年度销售额已超过 90 亿美元，盈利 9000 万美元。

中国首家 C2C 网站易趣网在 2002 年被 eBay 以 1.5 亿美元的价格收购，此举表明国际大鳄 eBay 要来中国抢夺市场。

2002 年底，马云发现，在易趣网上，出现了非个人对个人的大宗交易。这个现象引起了阿里巴巴高层的高度重视，电子商务原本就不存在 B2B 和 C2C 的明确界限，个人对个人的交易做大了，实质上与企业对企业的交易并无区别。在 eBay 登陆中国，并且成功收购易趣后，马云的弦绷得更紧了，建立淘宝网实际上是一种战略的需要。

天下难道真有免费的午餐？马云用淘宝网给了大家一个肯定的答复。淘宝网的使命是"没有淘不到的宝贝，没有卖不出的宝贝"。免费的午餐迅速赢得了"人气"，淘宝网很快取得了不俗的成绩，这一切都来源于用户的支持。

能量辐射

eBay 在北美市场靠向卖家收费而受到投资商青睐，它从一开始就盈利，而且获利颇丰。可是，马云宣布中国的淘宝是免费的，而且"几年内都将免费"。

在中国，eBay 刚一并购易趣，很快就推行收费政策，直奔盈利主题，而马云却表示：还要烧钱，已经准备了 5 年的资金来支持淘宝的免费政策，并且"投资商嫌我们花钱太慢……"马云认为 2005 年前后的中国 C2C 市场面临的还不是一个该不该收费的问题。因为中国的 C2C 消费市场非常不成熟，还需要培育，重点在于完善信息流、资金流、物流的产业链。

eBay 中国曾指出，"免费"不是一种商业模式。淘宝网宣布在未来 3 年内不对其产品收费，只能充分说明 eBay 在中国业务发展的强劲态势。而马云并不这么认为。对于为什么免费，淘宝网的高层认为，主要的目的是希望借此降低门槛，吸引更多用户，而收费将扼杀用户的积极性。

尽管宣称"免费"不是一种商业模式，迫于淘宝免费政策带来的压力，eBay 中国也不得不尝试"免费"。然而，2005 年 12 月 20 日，当 eBay 在中国推出"免费开店"的时候，马云认为两者客户数差距已超过 20 倍，eBay 此时反击太晚了，它已失去翻身的机会。

如果在一年半以前，易趣采取免费策略的话，淘宝今天的日子就没有这么好过了。

马云说，经过两年的快速成长，淘宝已超越 eBay 易趣，成为国内最受欢迎的第一大 C2C 网站。在未来几年里，淘宝的免费策略依然符合中国 C2C 处于起步期的特殊国情，淘宝将继续保持着长远的竞争优势。他表示，模仿并不能击垮竞争对手，eBay 易趣抛弃自己坚持收费的原则，将使用户无所适从，徘徊在收费与免费之间将令 eBay 易趣进一步陷入被动。

"今天 eBay 易趣跟我们的距离已经很大了，目前我只关注淘宝如何更好地去培育好市场、建设好我们的品牌、做好我们的服务，未来三年争取创造 100 万个钻石卖家。"

当然，淘宝之所以完胜 eBay 易趣并不仅仅靠免费这一策略。淘宝在技术层面上更加符合中国消费者的习惯，功能及服务都更为人性化；eBay 易趣在竞争中的决策迟钝与应对失误，直接造成了淘宝的速胜。

第十章
脚踏实地，聪明做事

任何时候，对于任何人或者组织而言，"做正确的事"都远比"正确地做事"重要。

做正确的事，再正确地做事

有件事情很重要，做正确的事和正确地做事，是两个含义。首先要选择正确的方向，如果你方向选错了，你做得越对死得越快，所以我觉得我比较幸运，阿里巴巴选择了一个正确的方向——电子商务这个方向。

我觉得很多人都在讲第一桶金，我想给在座的所有网商群体讲，网商群体一定要成为，也一定能成为世界上最诚信的商帮。为什么？我们没有办法线下见面，所有东西都靠诚信一点一滴建立起来，如果我没见过你，如果我要做生意，从几百万到上千万，必须一点点起来。

网商逐渐长大起来，最重要的是诚信，所以要做最正确的事情，网络大力投入诚信建设，做的过程当中不要寄希望一夜之间暴富。大家现在觉得阿里巴巴很有钱："马云你肯定很有钱，你别给我忽悠，我像你这样，我也正确地做事情了，我没有你那一桶金，所以我要先搞一桶金，搞了第一桶金自然会诚信的。"不是这样的。

——摘自马云 2007 年第四届网商大会演讲

深入透析

曾经有人询问马云有关阿里巴巴应对危机的策略，马云说道："首先是不是做了正确的事，其次是不是正确地做事。"如果首先做正确的事，方向对了，即使走得慢一点也能一步步地靠近成功。做正确的事，就是朝着目的地直线行走，而不是在错误的方向上一路狂奔。

做正确的事，再正确地做事，这是马云的一贯作风。他这样说过："一个正确的制定战略的过程，首先要做正确的事，再是正确地做事。你做正确的事，就可以事半功倍，如果你做的事是错误的，后边做得越正确，死得越快。"

试想，在一个生产型企业里，员工在生产车间，按照质量标准的要求生产产品，如果产品质量、操作行为都达到规定的标准，说明员工是在正确地做事。但是如果这个产品在设计上本身就存在很大缺陷，根本无法投放到市场上，或者它根本就没有买主，没有用户，那么，这就不是在做正确的事。在这种情况下，无论员工做事的方式方法多么正确，其结果都等于零。

在马云看来，方向比距离更重要，不走弯路，就是捷径。首先做正确的事，然后正确地做事，这不仅仅是一个重要的工作方法，更是一种很重要的工作理念。任何时候，对于任何人或者组织而言，"做正确的事"都远比"正确地做事"重要。

能量辐射

管理大师彼得·德鲁克曾在《有效的主管》一书中指出，效率是指以正确的方式做事，而效能强调的则是做正确的事。效率和效能二者都不可偏废，但这也并不意味着它们具有同样的重要性。我们当然希望同时提高效率和效能，但在效率与效能无法兼得时，我们首先应立足于效能，然后设法去提高效率。

在这里，彼得·德鲁克提出了两个概念——效率和效能，分别对应的是正确地做事和做正确的事。在现实生活中，人们关注的重点往往都在于前者——效率和正确做事，但实际上，最重要的却是效能而非效率，也就是做正确的事而非正确做事。正如彼得·德鲁克所说："对企业而言，不可缺少的是效能，而非效率。"

"正确地做事"与"做正确的事"有着本质的区别。"正确地做事"应该是以"做正确的事"为前提的，如若不然，那么"正确地做事"将变得毫无意义。即使将事情做得再正确，也是没有任何实际效能的。所以，首先，要保证去做"正确的事"，然后才存在"正确地做事"的问题。做正确的事就好比射击前的瞄准，正确地做事就是瞄准后再射击。没有瞄准的射击是没有意义的。

珍惜每一个锤炼自己的机会

张维迎：各位，下面，又一场"西湖论剑"要开场了，这场很特别，我们知道 2006 年 8 月 11 日那天发生一件大事情，中国的媒体关注，中国的互联网更加关注，美国的华尔街也十分关注，就是阿里巴巴和雅虎"定情"了。

为什么说"定情"了，那天是农历七月初七，中国农历七月初七是鹊桥日，我不知道为什么挑这个日子，今天是马云和杨致远的论剑，我们有请马云先生，雅虎的"酋长"，也是雅虎的 CEO 杨致远先生！

第一个问题我来提，对话的时候下面有任何问题可以交流，我提的问题是刚才我所讲的，杨致远先生和马云先生到底互相看重了什么？

杨致远：我很高兴来论剑，没想到有今天到这里来论剑，大家知道我跟马云第一次见面的时候是第一次来中国，是 1997 年的时候，那次也算是缘分，我跟我母亲、弟弟来，那次马云接待了我们，我那次没有商议，完全是友情，第一次见面就觉得他很诚恳，很有雄心，对世界的看法是非常强烈的，那时我觉得他以后肯定会成为不平凡的人，我没想到这次很荣幸又在这里交流。

马云：也许有人觉得10个亿美金很大，我觉得这10个亿并不算什么，有人认为我很狂妄，我不这么认为。我第一次上网在雅虎上搜索（我记得第一次碰电脑碰到的就是雅虎），我在雅虎上搜索啤酒，没有找到中国啤酒，是其他国家的啤酒，在里面居然没有中国字，这种情况的到现在活下来的好像只有雅虎一家。

刚汪延说因为雅虎免费，我觉得雅虎这么多年来还坚强地活着，而且不断发展，特别是在中国经历了7年的磨难也好，发展也好，我喜欢跟经历过磨难的公司合作。

杨致远先生他比我小，所以我们第一次在长城上感觉就挺不错，当然后来感觉就越来越好了，刚才你说朋友，我觉得不太像，像兄弟差不多。

——摘自马云2006年第五届西湖论剑

深入透析

2005年是中国商业互联网诞生10周年的时间，越来越多的有识之士认为，2005年，中国的互联网公司在经历了互联网发轫时的狂热、互联网泡沫后的精彩、纳斯达克上市浪潮之后，已经进入一个新的历史时期。

这一年，国内外巨头同台唱戏连横开阖更为微妙和精彩；资本角逐与战略布局更为宏大和直接；搜索和电子商务等互联网新领域跑马圈地更为决绝和激烈。从这个层面上讲，2005 年更可以因其竞争的日益国际化、规模化、白热化以及对未来战略方向的重新把握和判断层面，而成为中国互联网的"元年"。

2005 年 9 月 10 日互联网业界盛会"西湖论剑"在杭州西子湖畔第五度召开。第五届"西湖论剑"的主题为"天下"。美国前总统、极力推广互联网经济的比尔·克林顿，以及包括世界顶级互联网公司的 CEO 和中国本土互联网公司的 CEO 出席了本次盛会。

在此次"论剑"中，马云表示喜欢与经历过磨难的公司合作。雅虎经历过很多磨难而存活下来，并且不断发展，正是在那一年的 8 月，雅虎以 10 亿美元加上雅虎中国的全部资产兑换阿里巴巴集团 39% 普通股（完全摊薄），并获得 35% 投票权。雅虎中国的资产包括雅虎门户、搜索、IM 产品、3721 等。

通过此次交易，阿里巴巴业务涵盖电子商务、搜索、门户和即时通讯，成为当时互联网公司中业务覆盖范围最广的一家。马云解释雅巴战略合作原因时称："合作的主要目的是为了电子商务和搜索引擎。未来的电子商务离不开搜索引擎，今天获得的整个权利使我们把雅虎作为一个强大的后方研发中心。"

阿里巴巴的主要业务是 B2B 和 C2C 的电子商务，而雅虎中国的主要业务是门户和搜索，门户和搜索能够为阿里巴巴的主业电子商务提供流量，双方存在协同效应，这就是阿里巴巴"并购"的初衷。

能量辐射

投资大师巴菲特曾经有这样一句名言:"只有大潮退去才能知道谁在裸泳。"在经济状况好的时候,那些一夜成名的明星企业备受关注,但是一遇到市场危机,它们中的绝大多数都会被打回原形。

能够度过寒冬的企业必须拥有扎实的内功,这内功不仅来自于市场销售数字,也来自于主导企业长期发展的战略体系及相应的战略组织框架。因此,企业要成就卓越,仅仅区别于供应商或竞争对手还不够,还必须在市场上时刻保持领先的地位。即在市场上,要确保自己无论是企业形象还是市场份额,都能够获得更多用户的信任。

在磨难之中,你当然需要借鉴别人的最佳实践,以减少过程中的痛苦,但是你千万不能错过每一个锤炼自己的机会。杰克·韦尔奇曾说,一个企业的战略只需要 5 页 PPT 就够了;然而,如果没有经过多年的磨难与思考,你如何确保如此短的篇幅能够体现出你的企业智慧?

面对危机,每一家公司的收入都会锐减,但只要通过一些科学、先进的组合,依然可以获得"赢"的结果。著名经济与管理学家阿里·德赫斯曾在他的著作《长寿公司》中说:"度过了无数寒冬的长寿公司都历经战争、经济萧条、技术和政治变革的洗礼,却总能够将自己的触角伸展开,坦然地面对未来将要发生的一切。一句话,它们擅长学习和适应环境。它们对环境非常敏感,能够与时俱进,关注变化,适应市场,适应外界的需求。"

当然，除了企业外部恶劣的环境会影响企业生存外，企业自身在成长期也会遭遇种种的困难。首先，在初创期，企业信用不高，融资渠道匮乏，稍有不慎可能就会失败，而一旦失败，没有人会为你输血。这一阶段，企业必须想办法维持生存，这样才不至于夭折。而作为企业的管理者，必须知道有收入不等于有利润，有利润不等于有真金白银。很可能你以为你在赚钱，实际上你却在亏损。这是初创期的磨难。

其次，在成长期，很多企业渡过了生存危机，开始扩张，需要大量资金发展市场和扩大生产。企业收入在剧增，但应收账款也在剧增。这时候最危险的，莫过于管理者被前期的胜利冲昏头脑，再投入时没有节制，最终导致资金链断裂。这种悲剧在国内一再上演，表现形式不一，但最终的结局一样——企业破产倒闭。这是成长期的磨难。

最后，在企业的成熟期，企业的业务趋于稳定，现金流充裕，但利润开始减少，成长乏力。这时候的当务之急主要有两个：一是提高企业的效率，想办法降低成本，保持产品在价格上的竞争力；二是探索新的业务，测算好新项目的投入产出。但我们也看到很多企业成本控制缺乏方法，或者投资盲目，导致很多项目迅速失败。这是成熟期的磨难。

不管企业处于哪个阶段，只要胸有计划、勤于行动、注重控制、持续改善，就能化解种种磨难，在战胜磨难的过程中企业会越来越强大。可以说，磨难是企业在行业中做稳做大的必经历程。

第十一章
统一思想，一致前行

使命、价值观、目标是任何一个企业、任何一个组织机构一定要有的东西。如果没有这三样东西，你走不长，走不远，长不大。

文化：企业的灵魂

　　身体锻炼，天天去跑步没感觉的，就是觉得稍微出了一身汗。锻炼指的是，同样在生很重的病时，两个人，一个人天天在锻炼，一个人不锻炼，但是生同样的病时，锻炼的人他的身体发挥了很大的作用。平时的锻炼就是价值观的考核，价值观不是等灾难来的时候再去练的，平时就要跑步。灾难来的时候，那个人没运动，就完了，你活下来了。

　　我们不要讨厌这个 process（过程），你们既然加入这个公司就 believe（相信），在这个地方唱的经和念的佛就是六大价值观、使命感，不仅念，还要考核，新进来的员工需要考核，干部更要考核。

　　这家公司最珍惜的是使命感、价值观，我们跟其他公司都一样，商业模式都一样，唯一不一样就是我们希望将来成为我们 DNA 的东西，就是价值观。大家不要觉得这个人怎么这样，就是这样，你不爽等下一个 CEO。告诉你下一个 CEO 上来也是这样，下面的人都是这样子，肯定也是这样子，这是我们要的 DNA。

我们要为我们的理想而走，否则我们永远不开心。

你们是新一班的湖畔人，我们湖畔学院主要是继承这种精神，value（价值）、vision（愿景），走出去以后你们只能说 as crazy as jack, believe it（像马云一样疯狂，信他吧），倒下去没有关系，再来过。没有 believe 会很痛苦，而且这个 believe 超过一万人的时候，这个 believe 会 very powerful（非常有力）。

一个人 believe 是傻子，一百个人 believe 是蠢货，一万个人 believe，那是信仰。Believe 形成势头往前走，阿里巴巴人加入进来，高层干部一定要有这个 believe。

——摘自马云 2008 年 4 月湖畔学院三期讲话

深入透析

马云认为，一个缺少文化的企业是一个没有灵魂的企业，一个没有文化的网站也将是一个缺少灵气、无法大量凝聚人气的网站。可以说，他一直是一个伟大的"布道者"，是一个辉煌梦想的"鼓吹者"。他的"I have a dream"是做中国人办的全世界最好的公司，做世界十大网站之一，做个 102 年的企业！并且他让阿里巴巴所有员工和他一起，把这个梦想当作信仰，当作阿里巴巴的价值观，并将这一伟大的信仰落实在点点滴滴的行动上。

马云最值得人称道的，是他有一个坚定的信念并为这个信念鞠躬尽瘁。他坚信互联网会影响中国、改变中国，坚信中国可以发展电子商务。相信电子商务要发展，必须先让客户富起来，如果客户不富起来，阿里巴巴就是一个虚幻的东西。

然而，带领着阿里巴巴的年轻人们，马云坚定不移地走着电子商务的道路，尽管电子商务也许 3 年、4 年甚至 5 年都挣不到钱，但马云相信 8 年、10 午后一定能够挣到钱。所以，阿里巴巴坚持把钱投入电子商务中。到今天为止，马云仍觉得自己当时的战略举措是对的，在诱惑面前、在压力面前阿里巴巴都没有改变。这不能不说是一种信仰。

很多时候，一个企业的文化，是通过领导者的思想和行为表现出来的。一个企业家，哪怕他的企业只有两三个人，他也必须有自己的思想，有独到的理念；他必须不断地在管理水平上、技术上、精神上、理念上充当一个领袖的角色，起到一个领袖的作用。只有他把个人行为做成群体行为，把个人道德做成群体道德，把个人行为做成群体行为，才能算是文化建设。

马云坚信这一点，所以他要求所有的员工一起去坚持理想，去为同一个价值观奋斗，他相信，只要一万个人相信一件事，那就是一种神圣的信仰。而也只有这样，才能激励员工为公司、为自己创造更多、更大的价值。

能量辐射

中国文化在化育人的灵魂方面有着独特的优势，再多的规章亦难以穷尽人心的复杂性。即使精通西方的管理方法，在我们本土企业的文化建设中也未必能够起到作用。从企业家的行为开始，从中国的传统文化中入手，定会找到我们自己的最佳表达。

举个例子说，勤俭节约一直我们的传统美德，一个企业家就应该保持个人生活的简朴，必要时能和职工同住一栋宿舍楼，同在一个食堂吃饭。这些看似属于个人小事，却能让员工看到这个老板的个人道德。

新东方集团的俞敏洪在 2008 年北大新生开学典礼的演讲中提过，当年在新东方有一定规模的时候，他去美国找他当年班里的同学回来和他一起把新东方做大，他带着大把的钞票去，想证明给他的那些同学，在中国也可以赚很多钱。

后来，他的那些同学和他一起干，但不是因为那些钞票，而是因为当年俞敏洪在北大读书的时候，给他们宿舍的人打了四年水。还有很多其他的事情，让他的同学们感觉到，俞敏洪是一个只有一碗粥也会分他们半碗的人，值得共事。像现在新东方研究院的王强老师等，就从美国回来了，他们的加入让新东方越来越强大。

现在，新东方受到越来越多人的青睐，很重要的一个原因就是俞敏洪以及其他新东方老师所代表的新东方文化，得到大家的认可。从专业的英语学习方法到广泛的做人道理，这些东西构成了新东方文化的重要内容。在企业家身上体现，是这个本土化的中国企业建设企业文化的表达式，事实证明，很成功。

有一些企业喜欢提口号，有口号不一定是坏事，但是很多企业口号连篇，实际做法与口号中所提倡的内容完全不是一回事。这就无法笼络人心。口号可以提前一点，起一个引导作用，但是如果完全背离，就起不到凝聚人心、提高竞争力的作用。

GE 的文化建设很成功，它的秘诀就是，让公司的员工有共

同的愿景，并在这个基础上把企业办成一个文化的组织。在这个
过程中，GE 非常有效地运用东方文化和东方宗教概念，把"六
西格玛"管理技术上升为企业文化，把追求完美、追求超越视为
企业的灵魂。这样的愿景给企业文化注入了强大的生命力，对
GE 品牌的建设，起到了不可低估的作用。

作为世界上四大文明古国之一，中国所拥有的源远流长的文
化是东方文化的重要组成部分。西方的企业尚可以从东方的文化
中找到其企业文化的表达式，我们中国本土的企业，更无须迷
茫了。

树立公司的价值观

公司要有一个统一的价值观。我们的员工来自11个国家和地区，有着不同的文化，是价值观让我们团结在一起，奋斗到今天。我们请来的首席执行官，他53岁了，是传统企业的老经理人，非常出色，他在GE工作了16年。

我们总结了9条精神，是它让我们一起奋斗了4年。我们告诉所有的员工，要坚持这9条，第一条就是团队精神，第二条是教学相长，然后是质量、简易、激情、开放、创新、专注、服务与尊重，这9个价值观是阿里巴巴最值钱的东西。

我们在2000年制定了共同的使命、共同的目标、共同的价值观，新员工只有经过学习才能加入阿里巴巴。今天想跟大家讲，使命、价值观、目标是任何一个企业、任何一个组织机构一定要有的东西。如果没有这三样东西，你走不长，走不远，长不大。

——摘自马云2002年6月宁波会员见面会演讲

深入透析

2003 年，阿里巴巴的大股东孙正义召集他投资的所有公司经营者开会，每人有 5 分钟时间陈述自己公司的现状，马云是最后一个。马云陈述结束后，孙正义说："马云，你是唯一一个三年前对我说什么，现在还是对我说什么的人。"

当然，这并不是说马云前后说的是同一番话。孙正义指的马云三年前说的话，就是 1999 年阿里巴巴创建时所确立的目标。当时，马云判断，中国必将加入 WTO，这也意味着中国企业到国外开展业务指日可待。所以，阿里巴巴创立的第一个构思，就是通过互联网帮助国外企业进入中国，帮助中国企业出口。

马云经过认真考虑，认为推动中国经济高速发展的是中小企业和民营经济，所以，阿里巴巴应该帮助那些真正需要帮助的企业，这是马云最早的构思。到 2003 年，马云仍坚持这样的构想。马云的专注和坚持让孙正义决定继续投资阿里巴巴。

阿里巴巴的发展证明，这个构思一直是马云"专心"要做的唯一大事。这也是阿里巴巴能走到今天，并愈走愈坚定的关键所在。这个构思在经过互联网多年的风潮沉浮之后，不仅没有动摇，反而更加坚定。

马云曾说过："经济条件、经济利益、办公条件我们都可以讨价还价，但有一样东西不能讨价还价，那就是企业文化、使命感和价值观。我们的企业是一个使命感驱动的企业，'让天下没有难做的生意，创办中国创办全世界最好的公司，做 102 年的公司'，这些目标从第一天起直到现在（一直存在），我们不想改变，我们也不会改变。从今天起到未来，我本人以及今后接任我的 CEO，都必须按照这个目标走，这个我不跟大家讨价还价。"

马云是这么说的，也是这么做的，无论面对什么样的境况，坚守企业的价值观、使命感是马云毫不退让的原则。

能量辐射

马云曾举例说，爱迪生企业的使命是什么？Light to world（让全世界亮起来），从企业 CEO 到门卫，大家都知道要将自己的灯泡做亮、做好，结果现在"打遍天下无敌手"。我们再看另外一家公司——迪斯尼。迪斯尼公司的使命是 Make the world happy（让世界快乐起来），所以迪斯尼所有东西都是令人开开心心的，拍的戏也都是喜剧，招的人也全是快乐的人。

还有另外一家公司 TOYOTA（丰田汽车公司），它的服务让全世界都懂得尊重。据说，在芝加哥的一个大雨天，路上一辆TOYOTA 车子的雨刮器突然坏了，司机傻在那里，不知该怎么办。突然从雨中走来一位老人，趴到车上去修雨刮器。司机问他是谁，他说他是丰田公司的退休工人，看见他们公司的车坏在这边，他觉得有义务把它修好。这就是强大的使命感和企业文化，它使得每个员工将公司的事当作自己的事。只有在这样的使命感的驱使下，才会诞生今天的迪斯尼、今天的丰田。

如果根植在一个企业的核心价值观，随着时间推移而变成不可动摇的天条或信念，它就成为一种核心竞争力，成为一种最不可模仿、最不可替代的能力。可见，不同价值观决定着企业和个人如何算账，如何看未来，从而决定了企业未来的发展程度。

惠普公司创始人休利特和帕卡德在1957年惠普公司上市之际，确立了公司的核心价值观，其主要内容是"客户第一，重视个人，争取利润"。公司围绕这种宗旨和价值观，制定出许多具体规划和实施办法，最终形成了被业界誉为"惠普之道"的惠普文化。

在惠普公司的发展历程中，惠普的制度经过多次调整和完善，但其核心价值观从未改变过。核心价值观使惠普这个从车库里走出来的公司，发展成了一个享誉全球的大公司。惠普公司的成功源于对惠普核心价值观的锲而不舍的坚持。惠普前总裁卡·菲奥莉娜说："惠普取得持续成功的关键，就是惠普的创造力、惠普的核心价值以及行为准则的精神。"她认为企业发展的关键因素不是技术而是对核心价值观的坚持以及在思想指导下保持管理制度的传承性。

第十二章
建设团队，形成合力

　　不管什么挑战，一起手拉手，
大家拉一拉。一个人在沙漠走路
是慌的，手拉手是不可怕的，当
然不能手拉手往回逃。

单枪匹马难成事

　　不管什么挑战，一起手拉手，大家拉一拉。一个人在沙漠走路是慌的，手拉手是不可怕的，当然不能手拉手往回逃。在巷子里面，进去了也就进去了，如果一个人往回逃，那么大家都会往回逃。

　　——摘自马云 2008 年 4 月湖畔学院三期讲话

　　我不希望看到你们当中有些人说拜拜，你们辛苦努力吧，我享福去了。这种享福的人，我看到的概率是百分之零点零几成功的，很少很少有成功的。阿里巴巴是一个团队，有你很好；没有这个团队，你很不好。你离开了，要去再找这样一个团队很难。

　　最近有个人给我写了一封信。这人离开了，加入了竞争对手公司。他说本来也是很好的一家公司，也是互联网公司，没想到里面乌烟瘴气。他特别怀念阿里，怀念淘宝，能不能够回来？很难了。我觉得加入对手这种人阿里巴巴永远不欢迎。

　　你想想看，你的同事、你的部门的人加入了对手公司，形势不好又回来了，这是放出什么信号？如果打败我们了，你说那个人会回来吗？不会回来的。所以我想告诉大家，如果说你们去创业，或者竞争对手挖你，别人挖你，对你的期望值很高，觉得你是阿里巴巴出来的，其实你自己知道，这是整个团队带给你的。如果真要挖，那你把我一起带进去算了。

挖一个两个过去，你说会不会有变化？会有变化，但是不会有根本的大局面上的变化。这是整个团队的配合，李琪（阿里巴巴原COO）也好，Joe（蔡崇信，阿里巴巴集团CFO）也好，我们这些人的配合，是经过这么多年练成的。我们每个人像螺丝一样地牢，这是一个团队，像拼版一样拼起来的。挖我们去都没有用，挖一个普通的干部员工去有什么用呢？

公司里面讲价值观考核。有没有人说特别喜欢考核？说喜欢我相信是假的。但是有一点我告诉你，被考核过五年，突然不考核了，那也很痛苦。坐在自己的公司里面，今天工作那么累，烦死我了，还要被老板骂，你看出去永远是别人比我们钱多，永远是别人比我们运气，就像人家老公老婆总比自己老公老婆好。

大家记住，正因为你在这个公司里面待了五年，如果突然发现团队里面尔虞我诈，突然发现没有约束、没有纪律，你会沮丧到顶点。因为你已经在这个空气中，尽管空气并不纯净，我觉得我们的空气并不纯净，但是相对来讲，阿里巴巴的空气比绝大多数公司的空气纯净

多了。大家要维护好这个公司,这是我们共同生存、发
展的环境,我们要发展一百多年的。

——摘自马云2007年与"五年陈"员工的交流讲话

深入透析

马云说,单枪匹马是做不出任何事情的。在专业化分工越来
越细、竞争日益激烈的今天,一个人的力量难以应对千头万绪的
工作。一个人可以凭着自己的能力取得一定的成就,但是如果把
你的能力与别人的能力结合起来,就会取得更大的令人意想不到
的成就。

在提及自己和团队的关系时,马云将朋友的帮助放在首要位
置:"我从来就不承认自己是什么知识英雄。阿里巴巴今天的成就
是很多朋友的功劳,不是我一个人的;我不过是做了5%的工作,
朋友们做了更多默默无闻的工作,他们把我推上前台,我只是他
们的代言人,我只是出来练练。"

马云能容人,所以能聚人、留人。他深知一个人能力再强也
比不过团队的力量,他说:"少林派很成功,不是因为某一个人很
厉害,而是因为整个门派很厉害。"

团队合作是阿里巴巴企业文化的重要内容,其关于"团队合
作"的阐述是:共享共担,平凡人做非凡事;乐于分享经验和知
识,教学相长;以开放的心态听取他人的意见;表达观点时,直
言有讳;在工作中,群策群力,拾遗补缺;不是自己分内的工
作,也不推诿;决策前充分发表意见,决策后坚决执行;有主人

翁意识，积极参与，促进团队建设。

马云重视团队，也很明确团队的意义，他说："什么是团队呢？团队就是不要让另外一个人失败，不要让团队任何一个人失败。用价值观来统一思想，通过统一思想来影响每一个人的行为，最后形成合力。"

在阿里巴巴，不能和团队合作的员工是待不长的，不能与人无私分享的员工也留不下。在阿里巴巴，每个员工都很重要，不管你在哪里，都是团队的成员，都应该全力发挥团队的功能。

正如马云所说的"我成功背后有一帮很棒的人"，其实，任何人的成功都离不开他人的支持，没有朋友、家人，以及创业团队的支持，是很难取得成功的。

能量辐射

诺贝尔经济学奖获得者莱因哈特·赛尔顿教授有一个著名的鹰鸽博弈理论：

假设有一场比赛，参与者可以选择与对手合作，也可以选择竞争。选择合作策略的结果是，可以避免对手之间浪费时间和精力，可以像鸽子一样瓜分战利品；但如果选择的是竞争策略，那么双方必定会因为争夺战利品而像老鹰那样斗个你死我活，并且即使是获得胜利，也会被啄掉不少羽毛。有好多人都担心抱着双赢的态度会让自己吃亏，但实际上正如你对镜子笑镜子才会对你笑一样，双赢的合作态度是可以相互感染的。

在团队中，如果没有其他人的协助与合作，任何人都无法取得持久性的成就。当两个或两个以上的人在任何方面都联合起来，把工作建立在和谐与谅解上之后，这一团队中每一个人的成就都会倍增，能力也会成倍地提高。

释迦牟尼曾问他的弟子："一滴水怎样才能不干涸？"弟子们面面相觑，无法回答，还是释迦牟尼给了他们答案："把它放到大海里去。"一个人再完美，也只是一滴水；而团队就是大海，一个人只有融入团队才能最大限度地发挥他的潜能，才能实现他的人生价值。如果工作中我们只会自己埋头单干，不懂得依靠团队的力量，那么我们的忙碌很有可能只是低效率的蛮干。

在市场竞争中，有冲在市场一线的销售人员，也有在后方从事产品研发的技术人员和从事制造的一线工人。产品是生产部门生产出来的，却是市场部门销售出去的；生产部门是需要"花钱"的部门，市场部门是"挣钱"的部门。生产的资金需要市场部门从市场赚回，但市场部门销售的商品需要生产部门提供。生产与销售，尤如后方与前方，又如军队的保障与作战，是两个不可或缺的轮子。正是这样一个完整的链条，构成了企业参与竞争的全部家底。

团队的合作力量是无往不胜的坚强后盾，群蚁可以打败巨蟒，群狼可以天下无敌。一个人能力再强，也只有当他融入团队后才能发挥出最大的力量。背靠着团队的强大力量，单个的忙碌才不会变成杯水车薪，才能忙到点子上，才能把每个人的忙碌汇成大海，浇灭一切瞎忙的火焰。我们在夺取成功的道路上，一定要学会与人合作。

建立一支"互补型"团队

说到团队，中国人都喜欢刘（备）、关（羽）、张（飞）、赵云、诸葛亮，但这样的团队很难找，千年等一回。

我最喜欢的是西游记团队，唐僧、孙悟空、猪八戒，这些人很容易找。唐僧这样的人，能力没有多少，但目标很明确，就是取经。这样的领导你们单位有没有？有。

孙悟空是能力最强的，但是他的麻烦也很多，成功是他、失败也是他，这样的人你们单位有没有？也有。猪八戒就更多了，干活的时候能躲就躲，有吃有喝的时候来得最快。沙和尚呢？管它什么使命感、价值观，一天八小时打卡上班，挑着担就走。

这样的团队到处都是，这是生活中实实在在的团队，但就是这样一个团队，经过了九九八十一难，取得了真经。

我这么总结：做人要像沙和尚，当领导要像唐僧，做事要像孙悟空，生活要像猪八戒。阿里巴巴从 18 个人发展到 1 万多人，我们越来越轻松。

我们团队的文化核心是什么？我们都是平凡的人，聚在一起做一件非凡的事。我们不要精英，阿里巴巴不欢迎精英。假如你认为你是精英，请你离开我们。因为我相信，如果有人说"我是精英"，这个人肯定不是精英。一个真正是精英的人，会把自己看得很低；当他以平凡的心态加入团队的时候，才有可能做出成就。

我以前经常反对MBA，现在不反对。但他们刚来的时候，不要让他去做管理，可以把他们放到第一线去。有一些MBA来到阿里巴巴，我让他们去广东销售部做销售，6个月以后活下来的，你说任何话我洗耳恭听，如果你死了，see you next time。

就像打篮球，他们这些MBA的身材可能都是两米、一米九，非常高，但打篮球的时候不愿意蹲下去；我们这些人身材就是一米六，但天天在练，所以投球很准。当然，组球队的时候，不能老是找矮子，也要找一米八、两米的高个儿，关键是他们进来以后，要让他融入团队里。

——摘自马云2006年北大光华管理学院演讲

深入透析

马云自认为是与唐僧一样的领导人，在他看来，一个企业里不可能全是孙悟空，也不能都是猪八戒，更不能都是沙僧。他说，要是公司里的员工都像他本人那么能说，而且光说不干活，会非常可怕。他不懂电脑，销售也不在行，但是公司里有人懂就行了。

唐僧团队的组织目标十分明确，就是取经。同时，从某种意义上说，这个团队基本上是一个制度化的团队，虽说不算很完善，存在问题也极多，但基本能保证组织目标的达成，符合满意原则。孙悟空是人才，但容易出格，就要用金箍将他管束住；沙僧老实，自我管理就行；八戒难成大事，只要让孙悟空管束住他就行了。这种制度体系虽然严重压制创新意识，但是对于取经这样一个特定的任务而言，却是一种比较好的选择。

而在人才搭配上，唐僧团队也是非常合理的，唐僧本人没什么本事，但能把握大局，而且执着；孙悟空忠心耿耿，能征善战，适合打头阵；沙僧老实巴交，最适合做基础工作；猪八戒看似一无是处，但能讨领导欢心，能调节气氛，这种人在企业也不可或缺，何况他能在日常生活中照顾领导，关键时候也能帮上忙。同时唐僧这个团队非常注意充分利用社会资源、人际网络，遇到困难还能请菩萨出来排忧解难、化险为夷。

马云认为，中国的企业往往是几年下来，领导人成长最快，能力最强，其实这样并不对，他们应该学习唐僧，用人用长处，管人管到位即可。毕竟企业仅凭一人之力，永远做不大，团队才是成长型企业必须突破的瓶颈。

能量辐射

每个人有优势也有劣势，如果几个人的优劣恰好相互补充，可以取长补短，那么，这几个人组成的团队将是一个完美的组合。

英国学者贝尔宾被称为"团队角色理论之父"，他曾提出过"阿波罗综合征"现象：即一个千挑万选的优秀团队，成员们的精力往往消耗在无聊的内耗，或对团队目标没有帮助的争辩中，只为了说服其他成员接受自己的观点，或是攻击别人论点中的缺口，最后总体表现反而比不过一个"平庸"的团队。

某汽车公司的老总手下有三个销售员，他们各有长处，但业绩都不理想。老总就让培训师为他们把了把脉，培训师逐一为老总分析：

销售员 A 交际能力突出。吃饭的时候，一见培训师就热情地打招呼："老师你好你好，来，喝酒喝酒。"这样的人跟人打交道不错，但是他毛病和漏洞很多，往往专注度不够，不是研究产品的料，要是一谈实质性的东西啊，差矣。

销售员 B 敬我酒时说："老师，敬您一杯，我先干了。"我还没回过神，他已经干了，然后就不说话了。

过一会儿问他们："你们公司的汽车究竟怎么样啊？" A 先说话，我们的汽车怎样好，适合你的风格，吹了半天我一点兴趣都没有。这时 B 开始接过话茬，他就把公司的汽车从发动机的性能、家庭的实用性，一直到它的解装、所有一系列设备，仔仔细细说了一通，用专业术语使劲描述。最起码让我觉得，他那一系列新款车都跟宝马差不多。这个人介绍产品厉害，但不太会与人打交道。

销售员 C 一直话不多，给人的感觉是他很机械，但他的眼睛很犀利，虽然不怎么讲话，但他说出每一句都是关键，往往一语中的，极具杀伤力，基本让人没有回旋的余地。这是他的本事，放在销售上，他就知道什么时候该下手让客户掏钱。

"这三个人，真是绝佳的组合。"培训师向老总建议道，"很简单，千万不要让他们各自为战，单独销售，而是马上把销售分段化，不要去改他们的缺点，你不要批评 A ：'你说话稳重点，把产品研究好。'也不要批评 B ：'你学学和人打交道。'也不要批评 C ：'你别老是那样子做销售，放开一点。'你就让 A 做一件事情，就是铺天盖地交朋友，张总啊，李总啊，反正他愿意和人打交道。头一次见面就是攀交情，下一次去的时候，把那个讲产品的 B 带过去，就说是公司的产品专家，负责介绍产品。还要把 C 也带上，关键时刻敲定成交，他有能力促成交易成交。这种组合优势互补，简直是完美组合。"

好的团队其实是一群平凡的人做不平凡的事，而所谓的精英团队反倒很难成就大事，因为他们将陷入个人英雄主义的泥潭。团队成员的优势可以相互补充，取长补短，这样人才标准降低了，成本降低了，效率却提高了。因此，让团队成员成分复杂点，都有一技一长，优势能够互补，这样才能真正形成合力，成就大事。

空气新鲜的土地最留人

当整个内部文化形成后，你的员工就很难被挖走。其实就像在一个空气很新鲜的土地上生存的人，你突然把他放在一个污浊的环境里面，工资再高，他过两天还是会回来。

我是个浪漫主义的人，创办这个公司时，我希望它是一个世界级的中国企业，我把中国企业跟国外企业比较以后发现：中国企业很少注重使命感、价值观、理想、共同目标，而国外企业讲得最多的就是使命感和价值观。所以我常说，天下不可能有人可以挖走我的团队。

收入和理想你都得要有，软硬两手抓——光讲收入的话，人家一定能把你的员工挖去；光讲理想，一开始可以，后面大家饿了，还是走了。所以你在理想到实践的过程中，要确保收入也是每年在提高。

——摘自马云接受《财富人生》节目访谈

深入透析

阿里巴巴曾有令互联网同行羡慕不已的梦幻"4O"组合：CEO

（首席执行官）马云、COO（首席营运官）关明生、CTO（首席技术官）吴炯和 CFO（首席财务官）蔡崇信。

马云和蔡崇信在阿里巴巴刚创立时结识；关明生于 2001 年 1 月加盟阿里巴巴，曾在 GE 等世界 500 强企业中担任要职；2000 年 5 月加入阿里巴巴的吴炯，则是雅虎搜索引擎的发明人。

四个聪明人凑在一起，人们并没有看到别的网络公司高层常有的动荡与纷争，阿里巴巴仍坚定地向一个目标挺进，原因何在？因为马云要求每一个员工既有能力，又能坚持公司不变的愿景、使命和价值观。

如果说早期创业时的李琪和孙彤宇是马云的左膀右臂，那么，蔡崇信和关明生则是阿里巴巴能将辉煌持续到现在的关键人物。

蔡崇信在阿里巴巴刚成立时加入，任 CFO。他的到来，使阿里巴巴真正开始了规范化运作。蔡崇信放下 70 万美元的年薪，投奔马云，每月只拿 500 元人民币的薪水。在湖畔花园，蔡崇信和第一批员工讲股份、讲权益，拿出 18 份完全符合国际惯例的英文合同，让马云和"十八罗汉"签字。

如果没有蔡崇信的加入，阿里巴巴会是一个家族企业，会一直以"感情"和"义气"来维持团队。蔡崇信将阿里巴巴做成了规范公司，并以正式合同的形式，将最初的创业团队绑在了一起。这是至关重要的一步，阿里巴巴因此能将最初的创业激情和团队文化一直维系下去。

关明生在 2001 年初加入阿里巴巴，就任 COO。当时因为遭遇互联网寒冬，阿里巴巴前期的全球扩张留下了烂摊子，这是阿里巴巴在成长期遇到的最大困难。关明生到来后，执行B2C，拆除海外分公司，收缩全球市场，"回到中国"，并以强力的手腕裁掉大批员工。

关明生对阿里巴巴最大的贡献，在于将马云最初提到的团队文化和创业精神发挥到极致，使得马云逐渐成为阿里巴巴的"精神领袖"。

李琪和孙彤宇是做管理和销售的，这两个方面当然也很重要。但对于任何企业、组织来说，思想文化才是关键中的关键。在阿里巴巴，如果没有武侠文化、笑脸文化，没有阿里巴巴这支拥有超强战斗力的团队，管理和销售做得再好，也只可逞一时之强，无法一直坚持下来直到今天。

管理和销售是可以替代的，而文化、团队和耐力是很难被复制的，而这正是阿里巴巴成功的关键。在文化的体系化、丰富、持续、发扬中，关明生和蔡崇信发挥了关键作用。

能量辐射

或许阿里巴巴以后会遇到很多风险和困难，但是现在，马云这个苦行僧并不孤独，他有一群志同道合的同行者，伴随他走过了难忘的风雨征程，正是这些和马云有着共同梦想的创业者们推动着阿里巴巴不断发展和壮大。

早先，马云的团队跟他从杭州到过北京，他们在开始的14个月里干得非常出色，但之后方向不一样了，大家就变得很痛苦。马云决定回家，其他人都很震惊。马云给他们三个选择：第一，让他们去雅虎，马云推荐，雅虎一定会录用，而且工资会很高；第二，去新浪、搜狐，马云推荐，工资也会很高；第三，跟马云回家，只能分100元钱人民币，住的地方离马云家5分钟的路程，自己租房子，没办法打出租车，没办法上下班，而且必须在马云家里上班。马云让其他人自己做决定，给他们3天时间考虑。这些人出去，3分钟后又回来了，告诉马云，同意跟他一起回家。

马云愧疚地说，至今为止，他每天想的就是：朋友没有对不起我，他也永远不能做对不起朋友的事情。在北京14个月，他从来没带这帮人去玩过，一天，他说，再过两个礼拜，他们要离开了，大家去长城玩一趟。就在长城上面，马云和同伴大声说，一起回去，从头开始，从零开始，建一个他们这一辈子都不会后悔的公司。

这支在困难中仍对马云不离不弃的团队，成了他创业道路上最有力的支柱。平时，马云说到他们的团队时总是自豪之情溢于言表，他说自己是个非常幸运的人。在他深陷困境的时候，总能遇到好人。这一切都是人际关系，是友谊，是合作伙伴关系。他很开心，因为他有一个优秀的财务总监蔡崇信和LiChee，他们在一起合作已经很多年了。没有合作者就没有阿里巴巴，而没有马云的话，还会有另一个阿里巴巴。

2007年12月1日，阿里巴巴团队获得"2007年最聚人气团队奖"，马云作为代表上台领奖时，发表了获奖感言。他说阿里巴巴可以没有马云，但不能没有这个团队。8年来，各种各样的压力很多很多，但是每次团队都给了他很大的勇气，很多鼓励。

注重沟通，保持团队战斗力

在 2006 年我看到一些问题，我看到公司的很多同事和干部离客户远了，离铺张浪费近了，我看到我们公司也出现了官僚主义，我看到我们公司一点点出现办公室政治的情况，这些确实让我很伤心。但是我又觉得因为刚刚起来，很多问题能够解决得了。

我看我们价值观提得少了，特别是干部的价值观提得少了。在外面看来，我们公司是一个 B2B、C2C、Online Payment（在线支付）公司，也能看到我们的雅虎网站、阿里软件，但是在内部来看，阿里巴巴最值钱的是我们的价值观，是我们的六大价值观以及前面九大价值观继承下来的核心。

但是这过去的一年，也许是压力，也许是竞争，也许是我们自己对很多问题的看法，使我们的干部更多地把价值观作为考核员工的工具，而不是检查思想的东西。价值观不是真正从心里面出来的。

我在这里想说一下，金建杭和他的 HR（人力资源管理）团队去年做了巨大的努力。我觉得"活色生香"这个词很好。以我的理解，阿里巴巴应该有的不只是生香，而是每个员工发自内心对公司的热爱。对我们从事的事业的关心，在公司里面以各种各样的形式从内心中展示出来，而不一定在墙上贴、不一定在身上穿、不一定喊口号，但是我们通过各种各样的努力去为客户做贡献。

我另外看到的情况是我们离客户远了。我不知道在座所有的干部、在座所有的同事，花多少时间倾听客户。这一年我收到的客户的信不少，这些信让我反思，是不是公司大了，我们确实应该离客户远一点，是不是应该松懈。我们公司还不大，我们公司才 5000 人，我们会到 10 万人，会到 15 万人，现在才是 8 年的公司，我们还有 92 年要走。

我也看到另外的情况，我们干部离员工远了，很多员工开始不敢跟干部交流。我今天早上刚刚跟 M 级别以上的干部交流，我说我越来越寂寞。在 1999 年、2000 年、2001 年创业的过程中，到了周末，到了节假日，会收到很多短信，很多同事会打电话问声好，周末的时间会一起下下棋、打打牌。

当然有人说，第一因为你忙了，我不想打扰你；第二是因为我们也很忙，难得有个周末。我完全理解，但是从背后和深层次来看，我们之间的感情在稀释。阿里巴巴是一个大家庭，我们希望在工作中 Professional（专业），在平时我们是朋友。

——摘自马云 2007 年集团年会讲话

深入透析

马云曾说:"团队内部要有一个好的沟通氛围,工作上什么事情都可以沟通,这样的团队才是有战斗力的。"

在阿里巴巴创业初期,各位创业元老经常争论,有时候争论过了头,个人情绪化的问题都爆发了出来。为了避免因为这些争论影响团队的合作,阿里巴巴制定了一个原则——简易。要求非常简单,我对你有意见,我就应该找到你,找到门口,谈两个小时,要么打一场,要么闹一场,我们俩把问题解决掉。如果你对我有意见,你不来找我,而去找第三方的话,你就该退出这个团队。

随着阿里巴巴的不断发展,面对面的直接交流已不可能。为了保持整个团队的无障碍沟通,阿里巴巴充分利用了互联网的便利。马云在一次演讲中说道:"我们反对在内网实行匿名制。我们倡导的是 Open 的文化,匿名制只会使人与人之间互相怀疑、猜测,他可以很不负责任地说一些很不负责任的话,或者他说的话是负责任的,但他又不愿意说他是谁或别人是谁,而使公司的员工都会在猜测。阿里巴巴是所有员工的,是股东也是我们会员的。我们没有什么话不可以说。现在我们开设了一个 open@alibaba-inc.com 的信箱,大家可以不落名。我们很欢迎大家来信,并且保证一定有答复。"

因为有健康的沟通文化,阿里巴巴没有小的利益集团,也没有利益集团的相互斗争,人们相处轻松愉悦,促进了整个团队的健康发展。

能量辐射

在庞大的组织中，建立四通八达、自由交流的信息沟通网络和方式，可以改变文山会海、拖拉作风、官僚主义等恶习，提高组织工作的效率。

在一个群体中，要使每一个群体成员能够在共同的目标下，协调一致地努力工作，就绝对离不开沟通。沟通，是人类活动和管理行为中最重要的职责之一。因此，企业的管理者应该特别注重培养企业的沟通文化。

杰克·韦尔奇被誉为"20世纪最伟大的企业领导人"之一。在他上任之初，GE内部等级制度森严，结构臃肿。韦尔奇通过大刀阔斧的改革，在公司内部引入非正式沟通的管理理念，对此，韦尔奇说："管理就是沟通、沟通、再沟通。"

GE最成功的地方，是杰克·韦尔奇在公司内部建立起来的非正式沟通的企业文化。通过这种非正式沟通，韦尔奇不失时机地让人感到他的存在。而且，使公司变得"非正式"意味着打破发布命令的链条，促进不同层次之间的交流，改革付酬的方法，让雇员们觉得他们是在为一个几乎与人人都相知甚深的老板工作，而不是一个庞大的公司。

韦尔奇比他人更知晓"意外"两字的价值。每个星期，他都会出其不意地造访某些工厂和办公室，临时安排与下属经理人员共进午餐；工作人员还会从传真机上找到韦尔奇手书的便笺，上面是他遒劲有力又干净利落的字体，所有这些的用意都在于领导、引导和影响一个机构庞大、运行复杂的公司。韦尔奇最擅长的非正式沟通方式就是提起笔来写便笺，目的就是为了鼓励、激发和要求行动。韦尔奇通过便笺表明他对员工的关怀，使员工感到他们之间已从单纯的上级与下属的关系升华为人与人之间的关系。

GE 的一位经理曾这样生动地描述韦尔奇："他会追着你满屋子团团转，不断地和你争论，反对你的想法。而你必须不断地反击，直到说服他，同意你的思路为止。而这时，你可以确信这件事你一定能成功。"这就是沟通的价值。

韦尔奇曾说："我们希望人们勇于表达反对的意见，呈现出所有的事实面，并尊重不同的观点。这是我们化解矛盾的方法。""良好的沟通就是让每个人对事实都有相同的意见，进而能够为他们的组织制订计划。真实的沟通是一种态度与环境，它是所有过程中最具互动性的，其目的在于创造一致性。"沟通就是为了达成共识，而现实沟通的前提就是让所有人一起面对现实。

企业是个有生命的有机体，而沟通则是机体内的血管，通过流动来给组织系统提供养分，实现机体的良性循环。如果缺乏沟通，或沟通不畅，将会给企业造成巨大损失。善于沟通的企业管理者都很清楚，沟通创造透明，而培养团队内部的沟通文化会让企业的管理更好。

第十三章
做好领导，做好管理

员工决定企业的成败，员工弱则企业弱，员工强则企业强，员工进步，企业才能进步。

员工是公司最好的财富

现在，我们的干部也成熟起来了。员工数量扩大到了500名。现在互联网是在裁员发展，我们却在扩大发展。我们的目标是在全年的发展中赚1元钱，也就是说，如果我们整年投资800万美元，我们要赚800万零1元。事实上，到现在为止，我们的确运转良好，员工从前年100多名，到去年200多名，到今年500多名，我们还要不断地招。

有人说："为什么阿里巴巴还要招员工？"我们认为员工是公司最好的财富。

今天银行利息是2个百分点，如果把这个钱投在员工身上，让他们得到培训，那么员工创造的财富远远不止2个百分点。我们去年在广告上没有花钱，但在培训上花了几百万。

——摘自马云2002年6月宁波会员见面会演讲

深入透析

马云觉得 21 世纪人才最重要，对阿里巴巴来讲，期权、资本都无法和人才相比。

马云家的保姆，他每月给她 1200 元，杭州市场价 800 元。她做得很开心，因为她觉得得到了尊重。阿里巴巴那些高层月薪四五万元，即使给他们加一万元、两万元，他们也不会感到什么；但是如果给广大员工增加一些，那么士气会大增。

对于所有在阿里巴巴门口徘徊的人才，马云表示只要是人才他都要。阿里巴巴 2004 年在广告上没有花钱，但在培训上花了几百万元，他觉得这将给公司带来最大的回报。阿里巴巴有 120 万会员，而且连续两次被哈佛评为"全球最佳案例"，连续两次被《福布斯》评为"最佳 B2B 网站"。在网络电子商务领域，阿里巴巴会员数跃居全世界第一位。没有优秀的员工，企业根本没法做到这些。而这些成绩，正是马云把钱投在员工身上赚到的。

能量辐射

员工决定企业的成败，员工弱则企业弱，员工强则企业强，员工进步，企业才能进步。明白了这样道理，企业管理者要重视员工的培训，在不断改善员工的薪资、工作环境的同时，也要加大培训力度，以员工的进步推动企业的进步。世界知名的企业大都把培训作为企业发展的重要途径。

西门子公司一贯坚持由公司自己来培养和造就人才。早在1910年，西门子就为其内部人员开设了正式的培训课程，只不过与后来豪华的培训场所相比，早期的培训是在车间进行的。后来，西门子建立了针对不同层次员工的各类培训学校，并为这些学校配备具有丰富经验的培训老师。在西门子的全体员工中，每年参加各种定期和不定期培训学习的多达15万人。公司每年用于培训及购置最先进的培训实验设备的费用就高达6亿~7亿马克。但是，在西门子高层的认识中，他们从来都不觉得这笔费用昂贵。

与西门子不同的是，麦当劳强调的是全职业规划培训，也就是"全职业培训"。在麦当劳，从计时员工到高阶主管，结合他们的职业生涯规划，都有不同的培训计划，通过各区域的训练中心以及汉堡大学进行阶梯式的培训，使得麦当劳的员工能够持续不断地学习、成长。麦当劳在人才引进上不注重资历、学历，他们不计较员工出身的背后，是他们对自己培训体系的自信。麦当劳非常重视员工的成长与生涯规划，他们的高层多是从内部晋升上去的。

LG公司的培训最为特别，他们更加注重精英群体的培训。在LG公司，每个员工的培训机会不是一样的。新员工只有一些最基础的培训，而做到高层管理者的员工，则有机会去韩国总部培训中心，或去国外参加专门培训，甚至到大学里专门进修MBA。

公司里的很多培训项目都是专门为"核心人才"设立的。

"让有能力的人先培训"，有发展潜力的员工的培训机会更多。这是 LG 公司对员工的一种变相激励：要想获得更多的培训机会，只有使自己的业绩更好，更优秀。

对员工不培训，是管理者对企业不负责任的表现，是企业最大的浪费。把钱存在员工的身上，是最精明的投资。

比别人容纳的多一点

我们这些人，在座的每个人，手下的人超过你，你才能起来。比如我们的 Tim 是法律专家，有一天他的手下一定要超过他。什么人都可以用，公司希望各种各样的人才、各种各样的性格和脾气都有，这才是一个优秀的、文化灿烂的公司。

如果公司里面所有人都一样的话就麻烦了。动物园里面的动物都是不一样的，才有人看，如果都是一样的，全是牛全是马，那是养殖场。我们不需要养殖场。各种各样的人你的胸怀都要能够包容，最后你的技能一定不如你的手下，你的技能比手下强的时候你一定不是好的领导者。

工程师靠技术吃天下，比尔·盖茨技术比下面工程师水平高？不可能。泰森拳头硬还是教练拳头硬？估计泰森一拳教练就飘出去了。乔丹的教练球都不会打，这个就是胸怀。管理学上面你要有一种差异化的竞争，你要拥有其他人没有的。

还有一个，技能很强的人，有能力的人一般都很怪的，所以我想告诉大家绝大部分能力强的人都是偏执狂，都是古怪的。这个古怪的人不能把心胸打开的时候，永远不能成为真正伟大的领导者。我们这些人，要走 M 系列（阿里巴巴员工发展序列之一，另一条是 P 专业序列）的人，甚至说到最后变成专业管理者的人，都要有胸怀。

打架的男人最可怕的是，拳头打了他十拳，他没有反应。这样，一个领导的抗击打能力、抗失败能力，一下又起来了。大家都愿意跟着这个领导，一下子打了不要紧，抗击打、抗失败，勇于承担责任。

我永远希望阿里巴巴领导者有眼光、胸怀、实力。这些东西是没有办法的，阿里巴巴的人越来越多的时候，有眼光、没胸怀的人就是周瑜，那是被诸葛亮气死的，是被自己气死的。你心胸不够开阔，有什么好气的。

你说你恨死下面的人，下面的人都是饭桶，我今天告诉大家，阿里巴巴给你的就是饭桶，你们的职责是把他们变得不是饭桶。三年以后他们还是饭桶，你就是饭桶！本来大家都是平凡人，三年以后，这帮人还是饭桶，公司 fault（失败）你 fault，因为你没有把他们变成优秀的人。

——摘自马云 2007 年 8 月湖畔学院讲话

深入透析

马云原本是英语老师，他在技术上的能力，远不如自己的手下。就技术层面上说，马云是个十足的外行。但在马云看来，"外行是可以领导内行的，关键是去尊重内行"，马云认为领导本身就不是搞具体技术和战术攻关的，只要关注战略即可。

在技术细节上，马云从来不跟工程师争论，也从来不去吵架。这是因为，马云在技术上有先天劣势。在工程师面前，马云和客户地位类似。马云对自己的工程师解释说："很重要的一个原因是没法吵架，他跟我说什么系统、软件，我搞不懂，但是有一项东西必须搞懂：按照客户的需求去做。我代表着中国 80% 的不懂电脑的人，客户的需求就是我的需求。很多工程师说，你不能这么想，你怎么这么看问题。我说没办法，80% 的人都跟我一样，你把它做出来，我告诉你要去哪里。"

有的时候，会出现一些意外的矛盾，这个时候，马云有自己的解决之道：

第一，马云强调换位思考，重视双方理解和尊重的意义，在手段上注重技巧性。他推崇美国前国务卿鲍威尔的做法。鲍威尔曾说，假设向你报告的人不按你所说的去做怎么办？第一，retrain him（重新培训）；第二，remove him（调离）；第三，fire him（开除）。在马云看来："你不这么做的话，其他人会觉得泄气，心想我们干得累死，不干活的什么事没有。这样你的东西就会执行不下去。"

马云认为，领导永远不能跟下属比技能，下面的人肯定比领导有技能："如果下面的人不比你强，说明你请错人了。但你要跟他比眼光，要比他看得远；读万卷书不如行万里路，眼光的高度要在领导的水平线上。"

第二，马云强调领导者要有宽容的心态，要有胸怀。"男人的胸怀是冤枉撑大的。你对你的部下、员工、团队要包容；合作不是一天两天的事，如果你是对的，永远有机会去证明。"注重合作妥协，是马云的一大特色。

第三，马云认为领导者要有抗压的能力。"你抗击失败的能力比他强。一块砖头掉下来，别人挨一下就倒了；你挨了一下，一点反应都没有。这就是优秀领导的条件。一个优秀的领导人的素质就是眼光、胸怀和实力。"事实上，马云本身在抵抗挫折，忍受各种压力方面的确有过人之处。并不是每个人都能有那么多次经受挫折的奇怪经历的。

能量辐射

大企业中做人很重要，做人有三点：眼光、胸怀、实力。眼光有多远、胸怀有多大，你就能做多大的事。胡雪岩讲过这句话："生意越来越难做，越难做越是机会。"关键是眼光看多远，眼光看一个城市，你只能做一个城市；眼光看到全国，你就能做全国；眼光看到海外，你可以去海外发展。

只有当一个人有眼光，有胸怀，有实力的时候，这个人才能在通向成功的道路上无往不胜。

一个人要做到"有眼光"就得坚持"读万卷书，行万里路"，要不断为自己的知识进行投资，如果你总是把自己局限在一个很小的环境中，你的眼界就高不起来，如果你能够在更广阔的世界里开拓自己的见识，那么你就能够真正具备一种宏观的视野，真正能够在更高的层次上开创自己的事业。

一个人的眼光是靠双脚走出来的，而一个人的胸怀是委屈撑大的。胸怀的宽广，对于一个人的成功来说十分重要，如果一个人有眼光却没胸怀就不能成就大事。

当然，一个人立足于世根本的还是靠实力。所谓实力就是能够左右自己命运的力量。实力是精神力量与物质力量的结合体，我们生活中所做的努力无不是为了提高自己的实力。实力的积累是一个渐进的过程，关键是要有明确的人生目标和持之以恒的心灵力量。实力是在失败的基础之上积累而成的。每一次失败都为你的实力的提升添加一块砖瓦。

对于一个人来说，不论身处何时何地，都应该以眼光、胸怀与实力此三者为一种人生追求。这样你才会在事业与生活中一路向前，达到梦想的彼岸。

找到最合适的人，放在最适合的位置

1999 年我融资 100 万美金。有了钱怎么办？首先就想到请人，请最优秀的人。最优秀的人在哪儿？跨国公司的副总裁，MBA，最好是世界 500 强的人。那些人进来之后，跟我们讲公司的战略、前景，讲得你热血沸腾。

我们有一个副总裁负责营销，第一个月跟我谈市场预算的时候，说今年需要 1200 万美金。我很惊讶。他说很抱歉，以前最少要花 2000 万美金。怎么办？你不听的话好像不尊重他，你要听他的话，我总共才融了 100 万美金。最后没有办法，还得请他离开。

这些错误使我们明白，办公司不是要找最优秀的人，而是要找最合适的人。波音 747 的引擎是很好，但如果你配的机器是拖拉机，发动引擎就爆炸。企业发展一步一步往前走，每一步走的时候，用的是脑子而不是钱。

做企业拼的是智慧，拼的是勇气，拼的是团队的合作。假如企业家之间的竞争是靠钱的话，那银行更厉害，风险投资更厉害。有优势的时候钱就会来，很多创业者

的计划书说，我什么都有，就是缺钱，那这个计划基本
没用。

——摘自马云 2006 年北大光华管理学院演讲

深入透析

创业是一件非常美妙而又充满痛苦的事情，也是一件严肃的
事情，选择合作伙伴一定要非常谨慎，创业要找最合适的人。对
于企业而言，衡量人才是否优秀的唯一标准是他是否符合企业的
发展需要。从作业要求的角度说，匹配的就是人才。理性的用人
标准是不被人才的光环所诱惑，而是紧紧扣住"企业发展需要"
这根弦。

1999 年 9 月，阿里巴巴网站建立起来了，马云立志要使之成
为中小企业敲开财富之门的引路人。10 月，阿里巴巴获得以高盛
牵头提供的 500 万美元风险资金，马云立即着手的一件事情就
是，从香港和美国引进大量的人才。

马云对外宣称："创业人员只能够担任连长及以下的职位，团
长级以上全部由 MBA 担任。"当时，在阿里巴巴 12 个人的高管
团队成员中除了马云自己，全部来自海外。

接下来几年，阿里巴巴聘用了更多的 MBA，包括哈佛、斯坦
福等学校的 MBA，还有国内大学毕业的 MBA。但是，阿里巴巴
请来的很多业界高手们，却严重"水土不服"。他们总是讲得头
头是道，但结果干起来全错！后来这些 MBA 中的 95％都被马云
开除了。

马云后来回忆道："我跟北大的张维迎教授辩论，首先我承认我水平比较差，95％的 MBA 都被我开除掉了，难道他们就没有错吗？怎么可能95％都被我开除掉？肯定有错。因为这些 MBA 一进来跟你讲年薪至少十万元，一讲都是战略。每次你听那些专家跟 MBA 讲是热血沸腾，然后做的时候你都不知道从哪儿做起。"

错误让马云明白，公司当时的发展水平还容不下那样的人。那些职业经理人管理水平确实很高，就如同飞机引擎一样，但是将飞机的引擎装在了拖拉机上，企业最终还是飞不起来。

后来在阿里巴巴有这样一句名言："让平凡的人做不平凡的事，充分调动他们的积极性跟潜能。"马云不断说，我考三次大学没有考上，一定很平凡，如果你们觉得我今天是成功的，那每个平凡的人都能成功。可以说，阿里巴巴现在的成功离不开这一用人理念：找到最合适的人才，放在最适合的位置。

能量辐射

拿破仑说过："最难的倒不是选拔人才，难点在于选拔后怎样使用人才，即让他们的才能发挥到极致。"这是因为，发现人才、识别人才、选拔推荐人才，都是为了善用人才。

企业所需要的不一定是最优秀的人，但一定是最适合的人。因为"岗位需要"而使用人才，所以，"优秀"的人未必就是最能满足岗位需要的人选，在这种意义上，合适比优秀更重要。

作为企业管理者，一个重要责任就是最大限度地开发员工的潜能：让腰粗的人背土——不伤力；让腿粗的人挖土——有劲；让驼背人垫土——弯腰不吃力；让独眼龙看准绳——不分散注意力。要做到这一点，就要使员工与其岗位相匹配，通过岗位匹配达到开发员工潜能的理想效果。

一家公司的招聘登记表格中有这么一栏："你有什么短处？"一位下岗女工来应聘，在这一栏如实填上了"工作比较慢，快不起来"。很多人一致认为，她是不可能被录用的，谁知最后老板亲自拍板，录用了这位女工，让她当质量管理员。

老板说："慢工出细活，她工作慢，肯定会细心，让她当质量管理员错不了，再说，她去许多地方应聘过，没有被录用，到这里被录用了，肯定会拼命地干，以后我们公司肯定不会有退货了。"结果正如老板所预言的那样，那名女工工作成绩显著，公司的确没有退货了。

其实，在任何一家企业中，员工能力都是有区别的，这就像"发动机"和"螺丝钉"一样，企业虽然需要对企业产生变革性影响的"发动机"型人才，也离不开兢兢业业为企业奉献的"螺丝钉"型的员工。

让员工为企业的目标和理想干活

　　我做过这样的调查，90％的企业家不认同我这个观点。我见过所有世界500强的企业，他们都讲这个。讲来讲去就是这两点：价值观和使命。

　　宋朝的梁山好汉一百零八将，他们如果没有价值观，在梁山上打起来还真麻烦。他们有一个共同的价值观就是江湖义气，无论发生什么事都是患难兄弟。这样的价值观让他们团结在一起。一百零八将的使命就是替天行道，但是，他们没有一个共同的目标，导致后来宋江认为应该投降，李逵认为我们打打杀杀挺好的，还有些人认为，衙门不抓我们就很好了，结果到后来整个队伍崩溃。所以，一定要重视目标、使命和价值观。

　　　　　　　　——摘自马云2002年6月宁波会员见面会演讲

深入透析

企业家最成功的地方在于他能在企业使命上充分发挥领导力，而不是简单地带领员工去实现目标和利润。马云说，不要让同事为自己干活，而要让同事为企业的目标和理想干活。共同努力，团结在一个共同的目标下面，要比团结在一个企业家底下容易得多。企业家首先要说服大家认同共同的使命，而不是让大家为他个人干活。拥有了统一的目标和使命，企业全体员工就会朝着同一个方向前进，使自己的潜能得到不断的发挥。

马云说，当自己有一个傻瓜时，自己会很痛苦；有50个傻瓜是最幸福的，吃饭、睡觉、上厕所排着队去。当自己有一个聪明人时很带劲；当自己有50个聪明人实际是最痛苦的，谁都不服谁。马云认为自己在公司里的作用就像水泥，把许多优秀的人才黏合起来，使他们的力气往一个地方使，这就是他的工作。

在企业里，要加强员工对企业目标的认同感，这样才能激发他们的工作热情。这就需要确定一个明确的、具有可操作性的目标。马云建议说，如果给公司指出一个目标，这个目标必须非常明确、清晰，使整个公司从总经理到门口传达室的老大爷都得知道这个目标。当人们行动有了明确的方向，而且不断地与目标加以对照，人们的行为动机就会得到维持和加强，同时也会自觉地克服一切困难，努力达到这一目标。

因此，2004年，阿里巴巴重新确定公司目标：第一个是做102年的公司；第二个是做世界十大网站之一；第三个是"只要是商人，一定要用阿里巴巴"。

此后，马云又进一步思考那些伟大企业继续发展的深层次原因。他认为，2003年阿里巴巴在B2B领域发展得很好，但怎么走下去，他很迷茫。他站在第一的位置上，往往不知道该往哪里走，因为第二、第三可以跟着第一走，但是第一没有参照物。那时他就是凭着使命感做出一系列决定的。

能量辐射

没有明确的目标，或是目标不专一的企业，再勤劳也是徒劳，就像一艘没有目的地的船，如果有目标、有方向的话，就算是中途遇到风浪，风浪停息后，还是可以调整好方向，向着目的地驶进。

壳牌石油公司的创立源于马库斯·塞缪尔的敏锐。他在 10 岁时就与父亲一起闯荡远东，把贝壳卖给箱包制造厂，用作装饰，然后再运到伦敦销售。

在多次的航程中，塞缪尔经常看到美国石油巨头洛克菲勒家族的油轮，这个无名小卒竟然从这些冒着浓烟的油轮上看到了自己的前途，敏锐的直觉告诉他：石油真是个不错的生意！从此以后，他放弃了一辈子卖贝壳的念头。

当他扩大了贝壳生意，赚取到足够的资金后，立即进入能源业。但是塞缪尔没有足够资金经营石油，他就把远东的煤炭运到日本销售，完成了资本的原始积累。

随后，他组建了自己的石油公司，由于是从贝壳生意起家，石油公司的名字就叫壳牌石油公司。这个公司至今都坚持着塞缪尔的伟大信念：瞄准目标吧，没有不可能发生的奇迹！

建立目标管理制度的一个关键点，是要让企业的高层管理者们对整个企业进行一次深刻的考察，目的是了解本企业的目标、人力情况、优劣势以及本企业可用资源的状况等。通过对企业的经营实况做一番衡量，可以决定应从何处着手及应如何着手建立目标管理制度，才能取得最大的效果。通常应考虑以下的问题：

1. 目标管理制度能否成为一项正式的制度，倘若要成为正式的制度，那么应该"正式"到什么程度。

2. 是否全部管理层都应参与。

3. 制度的推行，是仅以企业的某一部门为限，还是应在整个企业全面推行。

4. 推行目标管理制度，是否与绩效奖金制度相结合。

5. 此项制度推行时，应与企业内部的管理信息系统及其他有关制度建立怎样的关系。

6. 推行目标管理制度之前，是否先有一段试行期。

7. 是否应该先从企业内某一部门或某一管理层开始，然后再根据推行的经验决定是否扩大。